有料有趣的朝代史

# 明史 1

## 帝国奋斗史

王光波 编著

浙江工商大学出版社
·杭州·

# 图书在版编目（CIP）数据

明史 / 王光波编著 . —杭州：浙江工商大学出版社，2022.9（2024.1 重印）

（有料更有趣的朝代史 / 胡岳雷主编）

ISBN 978-7-5178-4932-2

Ⅰ . ①明… Ⅱ . ①王… Ⅲ . ①中国历史—明代—通俗读物 Ⅳ . ① K248.09

中国版本图书馆 CIP 数据核字（2022）第 073053 号

# 明 史
MING SHI

王光波 编著

| | |
|---|---|
| **责任编辑** | 任晓燕 |
| **责任校对** | 沈黎鹏 |
| **封面设计** | 吕丽梅 |
| **责任印制** | 包建辉 |
| **出版发行** | 浙江工商大学出版社<br>（杭州市教工路 198 号　邮政编码 310012）<br>（E-mail: zjgsupress@163.com）<br>（网址：http://www.zjgsupress.com）<br>电话：0571-88904980，88831806（传真） |
| **排　　版** | 北京东方视点数据技术有限公司 |
| **印　　刷** | 唐山富达印务有限公司 |
| **开　　本** | 787mm×1092mm　1/32 |
| **印　　张** | 28 |
| **字　　数** | 596 千 |
| **版 印 次** | 2022 年 9 月第 1 版　2024 年 1 月第 2 次印刷 |
| **书　　号** | ISBN 978-7-5178-4932-2 |
| **定　　价** | 198.00 元（全四册） |

**版权所有　侵权必究**

如发现印装质量问题，影响阅读，请和营销与发行中心联系

联系电话　0571-88904970

# 前　言

人性是推动历史发展的动因，以人为本，历史才有意义。每个历史人物身上都有很多可以评说的生动的故事，这些故事组成了丰富多彩的历史。有位西方历史学家说过："所有的历史都是思想史。"他觉得，只有透过历史事件，进入事件背后所隐含的思想，才能了解历史。我们选取中国历史上最有影响的几个朝代，如汉朝、宋朝、明朝、清朝等进行解读，深入到历史事件内部，用现代的视野，以故事说人物，以人物说历史，以历史说人性，用全新的观点、现代的语言、诙谐的文字，将这些朝代中的人和事真实地展现在读者的面前，以期帮助读者真正地了解历史，并以史为鉴，指导未来。

1368年正月初四，朱元璋在应天，也就是今天的南京登基，年号洪武，国号大明。至此，元朝灭亡，大明帝国开始。

太祖崩，而后有"仁宣之治""弘治中兴""隆庆新政"，中间自有奸臣乱国，阉觉横行之污流，亦有戚继光、左光斗、徐阶、张居正等人的振作。大明朝将近300年的国祚，因为有这些多彩画面，才给后人留下诸多思考。

1638年，皇太极进攻明朝，将近300年的大明帝国大厦轰然倾倒，留给我们的是滚滚烟尘和无尽思索。

明朝是汉族地主阶级建立的最后一个王朝，也是中国历史发展进程的一个重要转折时期。大明帝国将封建帝制文化传统推到了极致，是中国两千年帝王政治的集大成者，其对于中国政治传统、文化传统的影响既深且巨。

明朝诞生于轰轰烈烈的农民起义，但又被农民起义所灭亡。它的由盛到衰富于戏剧性，其间出现的人物和发生的事件独特离奇：有中国古代唯一曾经当过和尚的皇帝，恐怖的特务统治，沿海的"倭寇"祸乱，痴迷于木工的木匠皇帝，自封为"威武大将军"的玩乐皇帝，迷离的梃击、红丸、移宫等三大奇案，激烈的党争，自缢的亡国之君，等等。

读明史，我们看到了明朝帝王频繁更替下的各种较量——大臣之间，文丞武尉，明争暗斗；主仆之间，利用、胁迫与真情、慈悲交织；手足之间，面临欲望与义理的抉择；敌我之间，充斥着实力与心智的博弈。

读明史，我们看到了一个帝国由兴而衰、由盛而亡的背后故事——骨肉相残之痛，权宦迭起之恨，奸贼横行之怒，宫闱恃宠之躁，流寇殃民之殇，加之朝堂上纷纷扰扰的派系之争、虎视眈眈的强敌，曾经的锦绣河山终弄得一败涂地，拱手让人，可悲可叹。

书写一部历史，不是为了向世人展现往昔的人情世故，叫人为王者感叹踌躇，而是为了与历史的人物身影交错，携手同游，共经盛世兴衰的波澜，体味人生的豪迈与遗憾，捕捉人性中的善与恶。《有料更有趣的朝代史·明史》正是这样一部书。

本书以人性解史，以趣味说史，将整个大明王朝将近300年的历史，分为"帝国奋斗史""权力的游戏""帝国的隐忧""最后的较量"四部，从元朝末期的群雄并起夺天下写起，全新解读这个中国历史上最后一个由汉族建立的封建王朝。

本书尽量避免枯燥乏味的叙述方式，在尊重史实的基础上，以幽默风趣却不乏智慧的语言，调侃轻松却不失庄重的语调，讲述中国400多年前的历史，并试图进入到历史事件背后，深度挖掘历史人物内在的真实情感，使读者与其产生共鸣。本书运用三维结构，用历史事件来展现人性，透过历史的迷雾，解构历史中的人物，以人性洞察历史，还原历史的真相。

# 目 录

**第一章 渴望温饱的年轻人**
    像肥皂剧一样乏味的童年 _ 003
    被迫表演的一场场哭戏 _ 006
    我是社会大学高材生 _ 009

**第二章 为活命,积极投身起义**
    成佛还是举枪,这是个问题 _ 015
    傍上了一个江湖大佬 _ 019
    朱元璋的第一桶金 _ 023
    集庆,俺老朱来了 _ 027

**第三章 陈友谅,你往哪里跑**
    狼来了,这回狼真的来了 _ 033
    老朱呐喊:有锅,我早把你炖了 _ 038
    让敌我双方的热血都飞一会 _ 043
    没有定数的赌局 _ 049
    鄱阳湖只有血色,没有浪漫 _ 054

## 第四章　对敌人，累死也不放过

张士诚，你是活腻歪了吧 _ 063

最爱的人伤我也最深 _ 069

平江攻击战：堵死你不偿命 _ 074

被权力淘汰出局的强人 _ 080

不能放过方国珍 _ 085

陈友定，你也跑不了 _ 089

## 第五章　这是最后的斗争

我的地盘听我的 _ 095

放牛娃的春天 _ 101

占领元都，回家吃饭 _ 107

王保保，你不是一个人在战斗 _ 113

常遇春：轻轻地，我走了 _ 118

常在河边走当然会湿鞋 _ 123

神奇的傅友德 _ 131

## 第六章　我的地盘我做主

户口制 _ 139

立卫所制和将兵法 _ 141

诏令办学 _ 143

制定科举 _ 145

发展农耕 _ 147

农工商立法 _ 149

移民屯田 _ 151

封王封臣 _ 153

铁榜诫功臣 _ 155

**第七章 老朱家的天,是格杀勿论的天**

是谁杀死了刘伯温 _ 159

胡惟庸,你只是个打工的 _ 164

马皇后,你慢些走 _ 168

阿亮,你秀逗了吗 _ 172

李善长,为何你总给自己挖坑 _ 178

蓝玉,你总是心太贪 _ 183

**第八章 江山是怎么样炼成的**

敢犯错,扒你皮 _ 191

明朝的锦衣卫 _ 194

文字文学整死人 _ 198

界限要划清 _ 201

低调低调再低调 _ 204

心太软死得早 _ 209

# 第一章

## 渴望温饱的年轻人

## 像肥皂剧一样乏味的童年

元朝末年，官吏贪污剥削现象愈发严重，接二连三的无情天灾更是把不堪重负的国家经济推向了崩溃边缘。史载，元统元年（1333年），京畿大雨，饥民达四十余万。元统二年（1334年），江浙受灾，饥民多至五十九万，至元三年（1337年），江浙又灾，饥民四十余万。至正四年（1344年）黄河连决三次，饥民遍野。

就是从这样一个黑暗的时代里，走出了一个叫朱元璋的人。他逐渐走上了历史舞台，开始书写自己以及同胞的命运史诗。

朱元璋出生在安徽濠州县（今安徽凤阳县）一个赤贫的农家，祖上交不起官府的赋税，万般无奈过着在淮河流域居无定所、四处躲债的日子。后来，朱元璋的父亲想尽办法，终于在一个叫钟离村的地方做了佃户，朱家从此就在这片干旱又时疫肆虐的土地上扎根谋生。

由于营养不良，朱元璋小时候体弱多病，瘦得皮包骨头。朱元璋的父母十分迷信，认为只有观音菩萨才能救他一命，保佑他平平安安地活下去。于是，他们把幼小的朱元璋送到了附近的皇觉寺，让朱元璋拜寺里的老僧人高彬为师。而父母的安排也为他后来的人生轨迹埋下了伏笔。

出身不好也就罢了，遗憾的是朱家沿袭的家族名号也都粗俗不堪，难登大雅之堂。史料记载，朱元璋的祖父名叫朱初一，父亲朱五四，母亲陈二娘，大哥朱重四，二哥朱重六。至于朱元璋本人，因为他排行老三，所以原名朱重八。这样的名字实在是叫人哭笑不得，以至于后来就连朱元璋自己也觉得名字太过粗俗，不仅自己改名为朱元璋，还给父亲追赠了个名字叫"朱世珍"。

然而，和那些从小就有远大志向的"同行"颇为不同的是，在朱元璋的少年时代，他似乎并没有什么雄心壮志。在项籍见到始皇车马仪仗威风凛凛时低呼"彼可取而代也"的年纪，朱元璋却安逸地坐在水牛背上，做着他人生的第一份工作——放牛。

不过，对这份工作，朱元璋并不是一个尽职的员工。为了填饱肚皮，他和几个年龄相仿的穷小子在野外把地主刘德的小牛犊宰了分食。饱餐之后，朱元璋才意识到问题的严重性。为了逃脱责罚，他自作聪明地将小牛的皮骨埋了，把牛尾巴插进一条石缝中，骗刘德说是小牛自己钻了山洞。很快，朱元璋就为自己这种监守自盗的行为付出了相当沉重的代价：地主刘德一眼识破了朱元璋的拙劣骗术，把朱元璋吊在院落中一顿毒打。

刘德还因此事把朱元璋关进柴房不给他饭吃，想以此狠狠地惩戒一下他。饥渴难耐的朱元璋翻箱倒柜，竟无意中在一个老鼠洞里发现了些五谷杂粮，就赶紧把这些东西一股脑儿地倒进锅里煮粥吃了。后来，已经是皇帝的朱元璋回忆起这段凄惨的经历，不由得百感交集，便命宫人重做这昔日的救命粥。

没有显赫的家世，也没有激昂的少年壮志，有的只是平淡无奇、索然无味的单调生活。这个名不见经传的少年，在凤阳破败的乡间，整日围绕着温饱这个实际而迫切的问题四下奔波，就这样度过了人生最初的十六个年头。也许，能吃一顿饱饭，就是朱元璋在童年时代的最大梦想。

他的少年时代凄苦伶仃，整日在饥饿、斥骂、毒打与压榨中煎熬——这些身处社会最底层的经历，绝对是他的大部分"同行"从未有过的遭遇；而正是这种"与众不同"，决定了朱元璋将是一个与众不同的君王，而他一手建立的帝国也注定将是非比寻常的。

当然，苦难中往往孕育着奇迹。正所谓"宝剑锋从磨砺出"，无尽的灾难，刻骨的伤痛，残酷的社会现实，以及在死亡线上艰难求生的蹉跎岁月，无一不是磨砺他，铸造他，以及最终成就他的"功臣"。更重要的是，朱元璋的少年时代也并非只是无尽的苦难生活，在这段称不上"美好"的童年时光中，朱元璋还是得到了一份上天赐予的礼物：他结识了自己一生中最重要的伙伴，如徐达、汤和、周德兴等。正是这帮昔日在凤阳乡间浪迹的穷小子们帮助后来的朱元璋东征西讨、南征北战，最终建立起大明江山的基业。

## 被迫表演的一场场哭戏

"天劫"一词，语出道家，说的是当道家修真之人的修为道行达到一定程度时，上天就会降下考验，多为天雷轰击，故曰"天劫"。渡天劫者，成则一步登天，功成名就；败则魂飞魄散，万劫不复。对于受劫者来说，天劫是机遇和挑战并存；而那些敢于直面挑战、把握机遇的人，往往都能成功一跃，实现人生的腾飞。

朱元璋一晃已经十七岁了。在"同行"们的事业起步之年，他依然待在凤阳那个破败的乡下，优哉游哉地过着并不幸福的"肥皂剧"生活，对未来的一切浑然不觉，就更别提作为一个开国者的职业觉悟了。然而，上天断不会允许一个命中注定要雄起的人继续消沉。为了"修正"朱元璋的人生轨迹，上天毫不吝啬地降下天劫——只是，这天劫不但来势汹汹，其艰难程度更是挑战人类极限。

元至正四年（1344年）的春天，天劫突如其来，各种天灾人祸接踵而至，纷纷降临到凤阳这片土地上。《明史》记载："旱蝗，大饥疫。"在这个灾难深重的春天,朱元璋那原本就脆弱不堪的生活轰然坍塌:不到半个月,其父、其母、其长兄先后感染疫病,不停地上吐下泻,命悬一线。此时的朱家境况如何呢?

朱元璋的大姐、二姐早已嫁人,三哥入赘别家,做了"倒插门"女婿,当家的就只剩下他和二哥两人。家里穷得叮当响,兄弟俩苟活于世尚且不易,哪里还有钱找郎中医治亲人的病痛呢。束手无策的朱家两兄弟眼睁睁地看着亲人痛苦地相继病逝,不禁抱头痛哭。

"俄而天灾流行,眷属罹殃,皇考终于六十有四,皇妣五十有九而亡,孟兄先死,合家守丧。"(《御制皇陵碑》)后来,朱元璋贵为九五之尊,在修筑皇陵时,他回忆起这段心酸往事,不由感慨道,"魂悠悠而觅父母无有,志落魄而徜徉",可见当时朱家境遇之惨。

在中国历史上,朱元璋算是一位极为独特的皇帝——生于社会最底层,一路摸爬滚打,崛起于草莽之间;相比于朱元璋,其父朱五四,大明王朝的第一任太上皇,"独特"之处更是有过之而无不及:这位可怜的太上皇不但生前没有沾过半点皇家祥瑞,没享过一天荣华富贵,死后甚至连个下葬的地方都没有。对于太上皇的身后事,《明史》言简意赅地用了四个字,"穷不克葬",也就是说穷得都没法下葬了。

朱元璋的父亲作为一个标准的佃户,一辈子面朝黄土背朝天,辛勤地在地里劳作,到死时却依然一无所有——连下葬的地方都没有,这是何等悲哀。即使后来在邻里的慷慨帮助下,朱父的遗体勉强下葬，却仍是"殡无棺椁，被体恶裳，浮掩三尺，奠何肴浆"。

痛失考妣的朱元璋，其心仍沉痛不已，然为了给父母讨一块下葬的地方，迫于无奈，他不得不放弃男儿尊严，整日奔波于亲朋好友、街坊邻里之间，表演一场场的哭戏，希望能用一声声苦苦哀求与一次次声泪俱下的申诉，换得一块不大的土地来安葬逝去的亲人。

走投无路，朱元璋甚至敲开了昔日老板——地主刘德的宅门，求他发发善心，施舍自己已逝的亲人一块小小的安葬之地。刘德不愧是铁石心肠，任凭朱元璋如何声泪俱下，刘德丝毫不为所动，他不但断然拒绝了朱元璋的哀求，甚至以趾高气扬的架势对朱元璋百般讥讽。在恶毒的诅咒声中，朱元璋被轰出门去。

放弃尊严，不过求一块微薄的安葬之地。但这个世界从不在乎眼泪，眼泪唤不回逝去的亲人，眼泪抚不平内心的伤痛，眼泪得不到别人的同情、帮助，眼泪求不来哪怕些许的坟地安葬双亲……此时，朱元璋才第一次深深地体会到何谓人情冷暖。

幸而朱家邻居，有一个叫刘继祖的老实人，谦和仁慈的他觉得这朱家两兄弟实在可怜，就善心大发，主动提出可以让朱家二老葬在自家地里。于是兄弟俩赶忙找出几件破衣烂衫裹了亲人尸体，抬到坟地草草地埋了。几经周折，朱五四这位可怜的太上皇，终于算是在九泉之下瞑目了。

# 我是社会大学高材生

朱元璋虽然饱尝了人情冷暖、世态炎凉，但他还未大彻大悟，决定奋发图强，干一番大事业；当然，就算他有这个觉悟也无从实现：所有的障碍当中，头一个就是没有资本。一个初出江湖的毛头小子，一没经验二没钱，号召力和影响力也不足，显然不具备逐鹿天下的资本。

元至正四年（1344年）的秋天，凤阳城西门外的皇觉寺迎来了一个衣衫破烂的小行童。这个相貌丑陋、衣衫褴褛的少年自然不会引起当时僧人们多少关注，然而这些僧人无论如何也想象不到，这个貌不惊人的少年将给皇觉寺带来何等的荣耀和辉煌。

据明朝的王文禄在《龙兴慈记》中所述："佛前烛鼠伤，责伽蓝不管，书其背曰：'发去三千里。'其晚，僧梦伽蓝辞行，曰：'何也？'曰：'当世主遣发三千里矣。'明早，僧见伽蓝背有字，追问之，圣祖曰：'戏耳。今释之。'晚，又梦伽蓝来谢。"

这篇文章显然颇有溜须拍马的意味，毕竟古人总是爱在那些帝王待过的地方浓墨重彩地添加神秘色彩，让我们难以采信。但通过这段记载，至少有两点可以肯定：

首先，朱元璋在寺里的地位不高，需要干清扫烛台之类的杂活。寺庙里僧人等级森严。无依无靠、出身低微的朱元璋就算是做和尚，地位也是很低的。

其次，我们可以发现，尽管皇觉寺的生活并不如意，但朱元璋显然是乐于接受的，至少是可以忍受的。这也很好理解，毕竟对于无家可归的朱元璋来说，可以遮风避雨、能够让他饱餐一顿的皇觉寺，已经是不错的选择了。

但超凡的忍耐力并不能结束朱元璋的苦难。孟子说过："故天将降大任于斯人也，必先苦其心志，劳其筋骨，饿其体肤，空乏其身，行拂乱其所为，所以动心忍性，增益其所不能。"单纯肉体上的机械劳动并不能使朱元璋脱胎换骨，要担起天下兴亡的重任，他需要接受更加艰苦的锻造。

皇觉寺原是靠收田租过活的，然大灾之年，任凭和尚们使出浑身解数，佃户也交不出粮食。面对僧多饭少的窘境，寺中的长老无奈地派一些僧人外出乞食。于是，在寺里待了仅仅两个月、还没学会几句经文的朱元璋，就被迫煞有其事地"出门云游"了。

僧人到外乞讨，好听的说法叫作"化缘"，例如西游记中唐僧师徒就是一路化缘去西天取经的。但还有一种更现实的说法，叫作"叫花子"，就是披着僧袍的叫花子到处乞食——一个乞丐而已。此时的朱元璋正是如此境遇，甚至还不如唐僧师徒——毕竟唐僧师徒还怀着崇高的理想，有着忠诚的伙伴。而朱元璋孤身一人浪迹天涯，全为苟活于乱世。

"我何作为？百无所长。依亲自辱，仰天茫茫。既非可倚，侣影相将。朝突烟而急进，暮投古寺以趋跄。仰穹崖崔嵬而倚碧，听猿啼夜月而凄凉。魂悠悠而觅父母无有，志落魄而徜徉。西风鹤唳，俄淅沥以飞霜。身如蓬逐风而不止，心滚滚乎沸汤。"(《御制皇陵碑》)身如蓬草一般随风漂泊，无依无靠，没有止境，看不到前途和命运——是何等的落魄而凄凉。在淮西那片贫瘠的土地上，一个孤苦无依、食不果腹的少年，穿城过巷，山栖露宿，放弃自尊，无奈地叩开一户户的人家，默默忍受着路人的讥讽和嘲弄……这便是朱元璋的流浪生涯，这样的生活一过就是三年。

对于并不漫长的人生来说，三年并不短暂，更何况这是人一生最精彩的青春年华中的三年；但是这三年的磨难对于朱元璋来说，却是至关重要的。在命运的神奇安排下，赤贫出身的朱元璋最终登上皇位。于是，扎根在朱元璋性格中的社会底层文化因子将无法避免地广泛蔓延到整个国家甚至整个民族的精神当中。可想而知，在这样的情况下，明朝将以何等与众不同的姿态展现在世人眼前。

# 第二章

## 为活命,积极投身起义

# 成佛还是举枪，这是个问题

白莲教兴起于南宋初年，到元朝时已是声势浩大的一个很重要的民间宗教组织。在元朝中前期，白莲教甚至一度受到元统治者的褒奖。然而，颇有讽刺意味的是，正是这个屡受皇恩的白莲教拉开了元末农民起义的序幕。

元至正十一年（1351年）春，朝廷强征河工17万修河堤。几个河工无意间在河道下挖出了一个独眼石人，背部还刻着"石人一只眼，挑动黄河天下反"。于是，在不到一个月的时间里，一个叫韩山童的白莲教法师走上了历史的舞台。五月初，韩山童、刘福通等人杀白马黑牛以祭天地，宣称韩山童为宋徽宗八世孙，还聚众3000余人起义反元，豪气冲天地立誓："龙飞九五，重开大宋之天。"

抛开种种情感因素，这件事情显然是一个阴谋。所谓的"石人"，是韩、刘二人事先准备的。据史料记载，至正十年（1350年）时，关于石人事件的童谣就早已传得沸沸扬扬；而炮制这么个事件，无非是农民起义常用的老把戏——正名。

不管怎么说，元末农民起义算是风起云涌地展开了。"当是时，元政不纲，盗贼四起。刘福通奉韩山童假宋后起颍，徐寿辉僭帝号起蕲，李二、彭大、赵均用起徐，众各数万，并置将帅，杀吏，侵略郡县，而方国珍已先起海上。他盗拥兵据地，寇掠甚众。天下大乱。"（《明史·卷一·本纪第一·太祖一》）在很短的时间内，各地群雄并起。

此时的朱元璋在干什么呢？

经过三年的流浪，朱元璋重新回到了皇觉寺，做起了吃斋念佛的和尚。种种迹象表明，这时候的朱元璋并没有参加起义军的意图。当然原因很简单：起义是要承担风险的。对于一个随时可能掉脑袋的事情，谁都会仔细掂酌。倒不是朱元璋贪生怕死——因为不计后果率性而起的从来不是英雄，而是莽夫；只有那些善于忍耐、懂得把握时机的人才是真正的英雄。朱元璋的持重就是出于这样的原因。

中国有句俗话："枪打出头鸟，刀砍地头蛇。"在元末群雄并起的时代，朱元璋继续蛰伏的选择极为聪明。翻开历史，我们不难看出，在历朝历代的农民起义中，那些行动最早、呼声最高、实力最强的往往都是死得最惨的。秦末的陈胜、吴广高呼"王侯将相宁有种乎"，何等意气风发！结果不到半年的时间，两人先后被杀。又如唐末的黄巢，一句"冲天香气透长安，满城尽带黄金甲"同样豪情万丈，但也逃不过兵败身亡的结局。

拿元末来说，起义最早、人气和呼声极高的韩、刘二人显然也无法成功，其原因有二。

其一，虽然元朝已是大厦将倾，但瘦死的骆驼毕竟比马大。一个王朝的积淀不容小觑，面对这些义军，元帝国总是要做一番拼死挣扎，矛头自然指向人气最高的韩、刘义军。韩、刘必将承受旧势力的疯狂反扑，自身尚且难保，何谈积蓄力量、发展壮大？

其二，元朝之亡虽属必然，但并起的群雄所盼望的是"逐鹿天下"的局面；韩、刘声势太盛，必然被各地群雄视为最大竞争者，难免遭到各地诸侯群起而攻之。

鉴此两点，我们不得不承认朱元璋是明智的。

成佛还是举枪，这对于朱元璋来说从来不是问题：成佛是暂时的，举枪则属必然。朱元璋虽身在佛寺，但心却无一日不想着那尘世间的种种，因为此时的朱元璋已经具备了逐鹿天下的资本。

他有见识。数年的流浪生涯，朱元璋的足迹遍布光、固、汝、颍诸州，对淮西一带的山川地貌、风土人情有了深刻的了解。

他有本领。从《御制皇陵碑》一文我们就可以看出，朱元璋还是有些文采，有一定文化的。在皇觉寺蛰伏期间，朱元璋发奋读书，广泛涉猎各类书籍。而年少时的苦难经历，更是铸就了他坚毅、果敢的性格。这一切的一切都在后来朱元璋称雄天下的过程中起到了举足轻重的作用。

他没有后顾之忧。此时的朱元璋，父母已逝，孑然一身，了无牵挂。没有家庭与亲人的束缚，他已敢于放手一搏；在乱世之中，朱元璋大可以更加灵活地选择适合自己发展的道路。

　　此时的朱元璋已经做好了举枪的准备，但他依然蛰伏着，不参加，然不代表不想参加，朱元璋时刻关注着时机的变化，等待着一个供他横空出世的绝佳机会。

## 傍上了一个江湖大佬

元至正十二年（1352年）闰三月初一的早上，朱元璋收拾好行李——其实就一只小布袋里的几件衣物而已，跨出皇觉寺大门，踏上了去往近邻濠州的路途。朱元璋是去"参军"的。

濠州城内驻扎着的数千红巾军已被元军盯上，元政府的彻里不花率大批精兵前来围攻，逼迫红巾军退到城南三十里处休整。城里城外均被一股紧张和肃杀的气氛笼罩着，稍有风吹草动，懦弱者就要害怕一时。

此刻负责守城池的郭子兴在他的元帅府内紧锁眉头，在脑海里思索着一条完美的守城大计。这时走进一小头目，禀报说在城门口活捉到一个自称要来投军的探子，呼喊着要见大帅。苦恼于被元军围困的郭子兴正在气头上，听到有"探子"来访，自然来了兴趣：官军都要杀进城了，这人还来投军，自己不妨亲自去探个究竟。

来到城门口，郭子兴下马端详来人：此人相貌甚是奇特，地包天，下巴突出，额头也向前凸出，头部呈上下凸出，中间凹陷形状，侧看如月牙。气质也不凡，正是"志意廓然，人莫能测"(《明史·太祖本纪》)。

朱元璋可能没有料到，眼前这个带有几分威严的人竟是他一生中的大贵人，一个懂得赏识、愿意重用他的人。尽管后来的郭子兴对朱元璋也有些压制和猜忌，但仍多以信任、提拔为主。朱元璋在郭子兴的提携和栽培下，事业蒸蒸日上。

郭子兴质问他是否是探子，来此地何事，又恐吓他若敢狡辩，就立即叫人拉出去砍头。朱元璋起初还有点紧张，但对此次来投军的风险他早有准备，就索性平静下来：都来了，还怕什么！所以他镇定地回答了大帅的提问。

出乎郭子兴意料的是，他从眼前这个人的眼神里看到的是镇定，而非惊慌。平时看惯了手下唯唯诺诺的郭子兴，突然见了一个不惧威严的人，不禁眼前一亮，心里对来人颇为欣赏。于是，郭子兴叫人放开朱元璋，细细问了详情。原来，这人确实是来投军的，部下汤和便是"中间人"。

就在这天，二十五岁的朱元璋如愿加入了红巾军，开始了他长达十五年的战斗生涯。他被编入郭子兴的亲兵队伍，郭大帅成了他的直属上司。

朱元璋在军营中渐渐崭露头角。他看得出郭子兴对自己有意栽培，如同找到了组织一般认真肯干，甚是卖力。路遥知马力，认识朱元璋越久，他身上异于同龄农民士兵的特点就越发被郭子兴看好：这个年轻人思路清晰，说话做事有条不紊，交给他的事无不办得妥帖至极；他不浮躁，不莽撞，没有一个同龄人有他的那份稳重干练。

朱元璋在沙场上也是勇敢无比,"从旁翼卫,跳荡无前,斩首捕生过当",在亲兵里可谓出类拔萃。两个月后,朱元璋顺理成章地被提拔为九夫长,开始领导九人的队伍。他总是身先士卒,对所获的战利品从不中饱私囊,队伍里的人都乐意听其指挥,连职位高他一截的汤和都经常围着他转,小事大事都前来咨询他一番。

郭子兴其实是个草头王,地主出身的他全凭自己一手壮大起来的队伍守卫着濠州城池。他想广聚天下英才,培养一帮自己的亲信,以发展壮大自己的事业。眼前这个朱元璋确实不凡,郭子兴有意将他培养成自己的心腹——除了父子、兄弟关系最亲外,再有,就是姻亲关系了。

郭大帅一拍脑袋,自己不正有个适龄的义女吗?

这个义女年方二十,姓马,名字不详,民间习惯称呼她"马秀英"。马秀英早年母亲亡故,父亲生前与郭子兴交好,父亲去世后郭子兴便收她为义女。据说这马姑娘有一双天足,人称"马大脚"。生于贫困人家的马姑娘经历过艰难困苦,个性坚韧,做事谨慎。她"有智鉴,好书史"(《明通鉴》);肚子里有货,看人也准,自然对朱元璋另眼相看。

成为义军元帅的女婿后,朱元璋第一次有了地位,前途也越发远大。军人生涯虽然风险很大,但收益也高。这是朱元璋生平第一次这样喜欢军人生活;他甚至发现了自己与生俱来的军事才能,无须军校培养。

不久,朱元璋从小队长一路高升,先是镇抚,很快又升为总兵官。年纪轻轻，资历又浅，晋升太快的朱元璋难免引来郭子兴手下其他总兵官的不服、不忿，甚至嫉妒。风头过健，往往都会成为众矢之的；不过，能成为众矢之的，往往因为人家的能力就摆在那儿。

终于，朱元璋的声名威望均位列总兵官之首——按理说，头把交椅自然由他来坐，然老资格军官却对此大为不解。流言蜚语越传越离谱，说什么朱元璋是靠"娇客"的身份上位的，说什么"出生入死不如娶个好老婆"，等等。

为了树立自己的威信，朱元璋首先放下身段，以退为进。古代既是"以右为尊"，他就吩咐在兵官例会前把会议室的椅子换成长凳，开会时各人可以自由挑选座位。不出朱元璋所料，他有意迟到的这天，各位将领毫不客气地占据了右边的位。他二话不说，顺势坐在了左边的位置上。

会议正式开始。讨论军事问题的时候，从右边第一人开始发言；然而这些大老粗们吭哧半天，也说不出几句有水平的话。最后轮到朱元璋发言，他侃侃而谈，分析得入情入理，听得大家频频点头，最后意见获得采纳。几次会议过后，各个兵官自觉把右首的位置留给朱元璋。朱元璋的威信就这样树立起来了。

朱元璋手上的砝码多了起来，岳父的事业也如日中天。岳父的恩情朱元璋从未忘怀，从此对岳父更加尽心尽力——冲锋陷阵，固守城池，化解矛盾，还曾极力救回岳父大人的一条性命。然而，在称王这件事上，朱元璋一直不支持郭子兴。因为他从来不是一个理想主义者，而历史从来都是识时务者的天下。

明太祖朱元璋

意誠鍾

## 朱元璋的第一桶金

至正十三年（1353年）的春天，伴随着依然凛冽的寒风，二十多个年轻人踏上了这片饱受战火摧残的土地，按照说书人的经典说法，"这里将是传奇开始的地方"。

这年春天，朱元璋终于下定决心，毅然离开了郭子兴的保护伞自立门户，打拼自己的一番天地。"时彭、赵所部暴横，子兴弱，太祖度无足与共事，乃以兵属他将，独与徐达、汤和、费聚等南略定远。"（《明史·卷一·本纪第一·太祖一》）

对于"南略定远"一事，《明史》中只有草草的数十字，显得微不足道。的确，和后来气贯长虹、金戈铁马的诸多大战役相比，"南略定远"颇有些波澜不惊。但平淡并不代表不重要，这场战争的重要性是不言而喻的，就好比万里长征迈出的第一步一样。只有深入透彻地看到这一仗给朱元璋境遇带来的转变，我们才能明白这一战的重要性。

朱元璋在"南略定远"之前的境遇可以说很不好。此时的朱元璋手中无兵，这是最直接，也是最致命的地方。当时追随朱元璋的不过二三十人，这点人马，充其量也就是一个步兵小队，想要攻城略地显然不够。而且离开了郭子兴，朱元璋连个地盘都没有。

对一个心怀天下的人来说，要想争雄天下，一个稳固、安定、富足的根据地显然很有必要。刚刚白手起家的朱元璋急需一个稳固的根据地来积蓄力量，尽快发展壮大自己才是乱世中的生存之道。这时候的朱元璋也缺乏必要的援助。虽然郭子兴在面子上还是朱元璋的"岳父"，但二人的关系已不如往昔——显而易见，若是关系好，朱元璋也不会离郭而去，另立门户了。在此时希望郭子兴施以援手是不现实的，郭子兴巴不得朱元璋在定远被干掉，不添乱已经是万幸了。既然郭子兴指望不上，那么其他人呢？环顾中原，群雄并起，大家争天下打得不可开交，谁也不愿意培养出一个新的竞争对手。

境遇不佳的朱元璋急迫地需要通过"南略定远"，充实自己，发展自己。但显然区区二十余人是完不成这个重要使命的。于是"招兵买马"成为当务之急摆在了朱元璋面前。

招兵，俗称拉壮丁，这是战争时期诸侯们最常用的手段。这个方法最简单也最直接，可以很快拉起一支队伍来。对于这个方法，朱元璋和他的精英们显得轻车熟路。在很短的时间里，朱元璋便拥有了一支上千人的部队。但通过这个方式组建的部队，战斗力究竟怎么样呢？

很明显，这些刚刚放下锄头的老百姓，战斗力是极为有限的。依靠这样的部队去打定远，无疑是以卵击石。朱元璋需要的是一支经过战争洗礼的部队，人数要更多，战斗力也要更强。这样的军队有吗？有！朱元璋很快就盯上了它。

定远城附近有个张家堡，驻扎着一支三千人的队伍。这支队伍时值孤立无援、没有归属，而朱元璋和这支队伍的首领是有些交情的。这样的好事，用诸葛亮的话来说就是"此殆天所以资将军，将军岂有意乎"。朱元璋不是刘备，这样一支军队，这样一个好机会，他显然是不会错过的。于是，朱元璋以"叙旧"为名，摆了一出"鸿门宴"，干净利落地干掉了这支部队的首领，毫不客气地接收了这支队伍。

朱元璋终于可以长舒一口气了，毕竟手中有兵心中不慌。手中已经拥有了四千余人，朱元璋对拿下定远颇有信心。但是在定远，朱元璋还有一个实力雄厚的强敌——横涧山的缪大亨。缪大亨是土生土长的定远人，群雄并起之时，此人也拉起了一支队伍。可是此人不但不反元，还拉着队伍帮元军攻打濠州城，希望分一杯羹。结果不但濠州城久攻不下，元军还被杀得大败，缪大亨大败而归，无奈退守定远。"初纠义兵，为元攻濠，不克，元兵溃。大亨独以众二万人与张知院屯横涧山，固守月余。"（《明史·卷一百三十四·列传第二十二》）

此时的缪大亨，实力是朱元璋的数倍，又是在家乡作战，可谓是占尽天时地利。尽管占有诸多优势，缪大亨必败的命运却已经注定。因为缪大亨兴的是不义之师，助纣为虐，是为不义。缪大亨又缺乏谋略，手握雄兵数万，却坐看朱元璋由弱变强——如此不思进取，只图自保，乃是兵家大忌。此外，缪大亨的部队缺乏一个明确的目标和斗争方向，军队缺乏凝聚力，将兵离心，军心涣散，士气低落。反观朱元璋，目标非常明确——在定远扎稳脚跟，发展自己。而且，朱军刚刚智取了张家堡，实力大增，军中士气高昂，上下一心，同仇敌忾，军队战斗力飙升。

经过一番认真的研究分析，朱元璋决定开始行动了。一场漂亮的夜袭即将展开。

史载："太祖以计夜袭其营，破之，大亨与子走兔。比明，复收散卒，列阵以待。太祖遣其叔贞谕降之，命将所部从征。"如书中所载，这场精彩的以少胜多的战役只用了不到一天的时间，就以缪大亨投降、朱元璋完胜而降下了帷幕。

经此一战，朱元璋不但完成了既定目标"南略定远"，而且意外地得到了缪大亨手下的两万军队。朱元璋境遇大为改观，这是他称雄天下的道路上坚实的第一步。

## 集庆，俺老朱来了

紫金山，虎踞龙腾；石头山，陡峭险要；长江水，日夜奔涌。朱元璋举目远眺，弥漫的水汽中，一座城池若隐若现。那，就是朱元璋心心念念的集庆。

集庆就是现在的南京。南京可是个好地方，背山面水，实属"王气所在"。除了风水好，集庆还是一个农业发达、商业繁荣的地区。如此宝地，实在无法不被朱元璋注意。

朱元璋在定远时收入麾下的将领冯胜，不仅是个难得的将才，更是一个非常有远见的人。他向朱元璋提出，应该马上渡江而战，攻占集庆。朱元璋深以为然，想要攻占天下，就先攻占一个曾经的帝都吧。朱元璋下定决心，占领集庆！

应该说，占领集庆是一个非常正确而重要的决定。朱元璋当时的兵力不可小觑，但他所占领的城池过于狭小，几万人的吃喝可是个大问题。集庆凭借其得天独厚的地理位置历来是兵家必争之地，能够占领这个交通枢纽加粮食重要产区，才有可能进行下一步的动作,逐鹿天下。

可是,一个问题立刻就摆在了眼前:渡江,但是,船在哪?

朱元璋虽然手握重兵,兵种却十分单一,不是步兵就是骑兵,没有一个能下水战斗。没有水军,是朱元璋攻陷集庆的最大障碍。

好在,这个问题随着两个人的出现得到了彻底解决。史载:"会巢湖帅廖永安、俞通海以水军千艘来附,太祖大喜,往抚其众。"巢湖帅,说难听点其实就是海盗头子,平日里打家劫舍、杀人越货。廖、俞的上千条战船,说白了就是些战斗力平庸的渔船,并且在后来的战役中成了朱元璋的掣肘。但在此时,聊胜于无。在朱元璋眼里,能带给他水兵的人就是最有用的人。

不得不说,廖、俞二人实在有眼光,他们在一个最恰当的时机,把宝押在了最正确的人身上。

说是攻占集庆,朱元璋却没有冒进,他发挥了天才的军事才能:提出攻占集庆,首先要攻打采石——进可攻,退可守,免得一个不慎,无力回天。攻下采石后,朱元璋又一举拿下太平。此乃一着险棋:此时的太平周围尽是元朝的军队,元右丞阿鲁灰、中丞蛮子海牙等军队拦着水路,陈野先水军的将领康茂才率领数万人正猛攻太平。然朱元璋派兵前后夹击,生擒了陈野先,一并接收了其军队。只不过,这个陈野先,竟会成为后来攻打集庆而不得的原因。

元至正十五年(1355年)秋,义军开始攻打集庆,《明实录》载:"发兵攻集庆路,留陈野先于太平。命元帅张天祐诸军及野先故部曲以行,兵至集庆,攻之,弗克而还。命元帅张天祐率所部军攻集庆,陈野先遂叛,与元福寿合兵来拒,战于秦淮水上,我师失利，天祐、郭元帅皆战死。"郭天叙、张天祐率军两次攻打集庆，却均因陈野先的背叛失败，郭天叙、张天祐也在这两次战役中战死。陈野先叛逃后被民兵所杀，他的从子陈兆先收拾他的余部，屯聚于方山，继续与朱元璋为敌。

对朱元璋来说，两次失败，未尝不是一件好事：一直以来压在他头上作威作福的郭子兴之子郭天叙没有了，郭子兴的旧部下张天祐也没有了。郭子兴的余威终于散去，他的军队则悉归朱元璋所有，朱元璋顺理成章地做了义军的最高统帅。

其实，朱元璋早知陈野先不可靠，对其一直不信任，但他依然派出郭、张率领陈的旧部攻打集庆——用一支内部裂痕重重的部队去攻打城坚墙高的集庆，失败是必然的，但战斗的失败却意味着朱元璋个人的成功。这不得不让人怀疑，朱元璋是有意为之，意在为自己清除障碍。

元至正十六年（1356年），朱元璋亲率三军攻打集庆。他先派常遇春在采石故布疑兵，以小股力量分散元的水军集结，而后利用自己的大军各个击破。元军大败，主帅蛮子海牙以余众走集庆，元军舟楫尽为朱元璋所有。三月，朱元璋率军水陆并进，从太平进军至江宁，第一件事就是把陈兆先的大营拔掉，并生擒了陈兆先，陈部三万六千余人尽为朱元璋所俘。

朱元璋从战俘中选择了五百名骁勇善战者收入麾下。这五百人却寝食难安，朱元璋的手段是闻名的，他会怎么对待俘虏？朱元璋察觉到他们的想法，晚上命令这五百人都到自己的大帐中来，自己身边只留冯国用。晚上睡觉时，朱元璋把铠甲悉数脱下，熟睡至黎明。这五百人看了，疑虑尽去，到了攻打集庆之时，杀敌陷阵冲在最前的往往是他们。

终于到了最后的时刻，朱元璋迫不及待地想要踏入集庆的大门。在距离集庆城门五里的地方，他命士兵一边行军，一边敲锣打鼓。城中的元军本就精神紧张，这么一来更是被吓破了胆。不得已，元军守将福寿只得主动出击，不过很快就被打败。

福寿无奈，关闭城门死守。朱元璋命将士用云梯登上城楼，城楼上的防线随即被攻破。福寿又率人与义军巷战，誓死抵抗。兵溃后，福寿在城中楼前，依然坚持指挥左右抵挡。有人劝他投降，福寿严厉斥责并射杀了劝降者。最后，福寿终因寡不敌众战死。在经历多番周折后，朱元璋终于正式入主集庆。入城后，朱厚葬了福寿。

入城后，朱元璋马上召集城中的官吏百姓。"上入城，悉召官吏父老人民，谕之曰：'元失其政，所在纷扰。兵戈并起，生民涂炭。汝等处危城之中，朝夕惴惴，不能自保。吾率众至此，为民除乱耳。汝宜各安职业，毋怀疑惧。贤人君子，有能相从立功业者，吾礼用之。居官者慎毋暴横，以殃吾民，旧政有不便者，吾为汝除之。'"（《明实录》）这话一出，城中百姓没有不欢欣鼓舞的。可以说，从心理上，集庆人接受了朱元璋。后来，朱元璋改集庆为应天。

集庆一战，朱元璋不仅得到了梦寐以求的水军，充实了自己的军事力量，郭子兴嫡系将领战死也让他拿回了属于他的军队和兵权。从此，他可以放开手脚，大干一场了。

# 第三章

## 陈友谅,你往哪里跑

## 狼来了，这回狼真的来了

常遇春站在坑边，看着坑中挣扎哀号的汉军将士，脸上没有一点表情。一锹锹的石土砸在这些人的身上，直到他们所有的声息被掩埋。常遇春不知道，这看似平静的表面下，正酝酿着一场极大的风波。

至正十九年（1359年），此时的陈友谅名义上还在徐寿辉手下，实际是挟持着徐这个傀儡皇帝来统治江南。朱元璋虽名义上与徐寿辉作战，但他心里明白，自己真正的对手是躲在徐身后的陈友谅。朱元璋占据的应天位于长江下游，陈友谅的势力范围恰好在长江上游，两军对垒于江上，是迟早的事。但朱元璋迟迟不肯开战，原因之前已经说过：水上作战，水军至为重要，但朱元璋那上千条所谓的战船，不过是些破烂的渔船，和陈友谅那支真正的舰队来比，开战无异于自杀。

朱元璋确实想除掉陈友谅，但怎么除，他还没有想好。而他却不能再思考下去了，因为一个突发事件，让朱元璋必须马上采取行动。

至正十九年（1359年）十一月，常遇春率廖永安等自铜陵进攻池州。"……执元帅洪某，斩之，禽别将魏寿、徐天麟等……"（《明实录·太祖实录》）陈友谅得知，大惊失色，立刻调遣部队准备夺回池州。不料消息走漏，被徐达知悉。于是，徐达与常遇春在九华山设伏，歼敌万余，生擒三千。

常遇春看到这三千俘虏，老毛病又犯了。

常遇春是著名的大将，一生战功赫赫，是公认的"天下奇男子"。然而他有一个非常不好的嗜好——杀降。杀降历来都被认为是不光彩的事情：在战场上杀敌无可厚非，可敌人既已投降，就实在没有道理再大开杀戒。虽然古代没有什么"人道主义"的说法，但杀降，始终会被人所诟病。

《明史·卷一百二十五·列传第十三》记载，战后，"遇春曰：'此劲旅也，不杀为后患。'"徐达听了，自然是不同意，并上报了朱元璋。朱的批复还没到，常就连夜活埋了这三千人。事后证明，常遇春的大胆行为，给朱元璋惹了不小的麻烦。

陈友谅听闻此事，愤怒异常，既然要打，那索性就决一死战！于是，陈友谅率领他的无敌舰队，浩浩荡荡，直奔应天。待到朱元璋摸清陈的意图之时，陈的大军早已拿下采石，眼看就要攻下太平，而太平，是应天的最后一道屏障。朱元璋的一千余条小渔船，在陈友谅气势雄伟、所向披靡的战船面前是那么的孱弱。

这一次，朱元璋无路可退了。

历史没有假设，明朝的存在证明了一个事实，那就是朱元璋取得了最后的胜利。所以我们无须担心朱元璋的安危。但他到底是如何度过这次危机的？这要感谢一个人。

至正二十年（1360年），一个人走进了朱元璋的生活。此人学富五车，尤其精通天文，"博通经史，于书无不窥，尤精象纬之学"（《明史》）。在古时，精通天文的人是不可多得的奇才，因为他们不仅能利用气象学分析作战形势优劣，还能为那些想要称帝者制造舆论。总之，朱元璋需要一个这样的人，而这个人，就是刘基。

刚开始，刘基并没有接受朱元璋的邀请。隐士嘛，总是有点架子的。可朱元璋不气馁，正所谓"精诚所至，金石为开"——终于，刘基来了，带着他的时务十八策一起来了。

他给朱元璋分析当前的形势。刘基分析："士诚自守虏，不足虑。友谅劫主胁下，名号不正，地据上流，其心无日忘我，宜先图之。陈氏灭，张氏势孤，一举可定。然后北向中原，王业可成也。"

刘基说，张士诚不足为虑，陈友谅挟持着徐寿辉指挥部下却是名不正言不顺的。陈的领地就在朱的上游，肯定终日惦记着灭掉朱元璋，所以要先除陈友谅。陈友谅一旦清除，张士诚势必处于孤立无援的境地，拿下他就容易多了。然后再挥师北进，朱元璋的帝业就唾手可得了。朱元璋听了很是欢喜，将刘基视为军师。

那么刘基是如何应对危机的呢？

朱元璋召集众谋士商讨对付陈友谅的对策。"诸将或议降，或议奔据钟山"，总之一句话，就是放弃应天。刘基一言不发，朱元璋看他脸色阴晴不定，就将他请入内室。这时的刘基，情绪激昂，说道："主降及奔者，可斩也。"朱元璋就问刘基有什么办法，刘基分析说，陈友谅为人骄躁，正面冲突肯定不行，只能打伏击，待敌深入后，一举拿下。

可是陈友谅毕竟坐拥强大的水军，怎么才能诱敌深入呢？又在哪伏击他呢？这时的朱元璋，再次发挥了天才的军事才能：既然自己的水军不如陈友谅，那就不在水上打，逼陈上岸，在岸上就是朱元璋的天下了。

不得不说，刘基和朱元璋都是深谙兵法的奇才，在敌强我弱的情势下，他们能够冷静判断局势，并且做出正确的决断。以弱对强无异于以卵击石，可如果换个角度，就能够将劣势变为优势，朱元璋和刘基深知，在水上是占不到一点便宜的，还有可能将辛苦打下的功业毁于一旦，所以，他们选择将战场设在陆地上。历史再一次证明，朱、刘二人是对的，龙湾将成为陈友谅一生的梦魇。

朱元璋先派康茂才与陈友谅联系。康茂才本是陈友谅的手下，后投奔朱元璋。按照朱的指示，康茂才时常接触陈友谅，让陈以为康是自己人。康茂才，将成为龙湾一战的关键。

康茂才暗中告诉陈友谅，说自己会帮助陈友谅，建议陈友谅走水路。"茂才与友谅有旧，命遣仆持书，绐为内应。友谅大喜，问：'康公安在？'曰：'守江东木桥。'"（《明史·卷一百三十·列传第十八》）只不过，这木桥已被偷偷地换成石桥。陈的舰队到达江东，发现石桥挡住去路。依照约定，陈友谅连呼"老康"，自然是无人应答。陈友谅此时方知中计，无奈只得退军龙湾。

陈的大军刚登陆，就进入了伏击圈。朱元璋随即发起了进攻命令，徐达、常遇春等大将率军连番攻击，陈的军队仓皇之下根本无法抵挡，只得向战船奔去，不料几乎所有战船搁浅，无法行驶。就这样，陈友谅的无敌水军，生生被朱元璋回拖上岸，狠狠地打了一回合。

这一战，汉军损失两万余人，陈友谅败走江州，朱元璋则缴获不少战船，充实了水军。此一役，朱元璋大胜。

陈友谅本是一条被常遇春引来的狼，结果却被放牛娃朱元璋收拾了。如果常遇春改改杀降的毛病，或许双方的对峙会再持续上一段时间。不过对峙的结果如何就不好说了，或许陈友谅会依托水军，仔细谋划，清除掉一切可能的障碍，然后一点一点地蚕食朱的地盘，直到完全消灭朱。然历史没有假设，这一个个看似巧合的事件，正构成了历史的全部。"巧合"之下，其实隐藏着历史人物的必然归宿。

刘基对陈友谅的评价很是准确：骄躁。杀降一事就能使其暴跳如雷，不经思索就匆忙开战；虽然兵力上占尽优势，但若遇对方背水一战，胜算又有多大？骄躁的性格使他没有仔细辨别康茂才反戈的真假，陈友谅的败走可谓咎由自取，与人无尤。

朱元璋或许应该庆幸常遇春过早地引来这条狼，毕竟事情的结果并不是太坏，起码这条狼给自己送来了真正的战船。但陈友谅毕竟是一代枭雄，怎可能就此偃旗息鼓。他在等待一个机会，而他并没有等太久。

## 老朱呐喊：有锅，我早把你炖了

至正二十三年（1363年）二月，已经投降元朝的张士诚派兵攻打安丰。历来农民起义军投降统治者的并不少见，但张士诚起义动机明确，起义效果明显，手握重兵，割据一方，实在想不通他怎么会投降。也许朱元璋说的对，张士诚这个人，没有远见。

就是这么个没有远见的人给朱元璋出了个难题——张派兵攻打的安丰地理位置很重要，算得上是应天的门户，如果安丰城被攻破，应天就岌岌可危了。再有就是朱元璋名义上顺从的皇帝韩林儿就在安丰。

当时的朱元璋心里自然是不愿意救韩林儿的——自己正干得风生水起，干吗要救回一个皇帝压着自己？可是，如果不救，应天危险不说，世人该怎么看待背信弃义、弃主于危难的朱元璋？防民之口，甚于防川，百姓可能会因你的强大而屈从于你，但人心呢？人心所向对一个国家的稳定来说至关重要，想要坐稳王位就更不可忽视。谁能问鼎天下还是未知数，朱元璋怎么可能在这种时候给自己招来乱臣贼子的骂名?

因此,朱元璋决定发兵。但在下达最终命令前,他还是找来刘基商量,但没想到,刘基毫不犹豫地反对出兵。"基曰:'汉、吴伺隙,未可动也。'"(《明史》)现在陈友谅正虎视眈眈地盯着应天,这个时候把军队调走,一旦陈友谅趁机发动攻击,那岂不是把应天拱手让了出去?再说,韩林儿对朱元璋称帝总归是个障碍,怎么能清除掉这个障碍是个大问题,现在有了这么好的一个机会,可以让韩林儿死在别人手里,何必要再去把这个麻烦找回来?于情于理,刘基都坚决反对发兵救援安丰。

可是朱元璋也是个固执的人,一旦认准了一个想法就很难改变。不管刘基怎么阻拦,朱元璋还是固执地亲率大军,向着安丰出发了。

这正中陈友谅下怀。龙湾一役,让陈友谅重新认识了朱元璋,这个对手居然能以弱胜强,看来并不是一个省油的灯。陈友谅深知,朱元璋这个人,将会成为自己称王称霸道路上的最大阻碍;张士诚不可怕,从他投降一举就可看出,此人成不了大事;再说,元朝也已岌岌可危,灭亡只是时间问题。那么,陈友谅的对手只剩朱元璋一个,而且是唯一的。

当朱元璋率领大军到达安丰时,刘福通已被张士诚手下大将吕珍杀死,安丰早已被占领。吕珍一见朱军,就下令水路连营,以战舰占据河面,河岸边满栽树木,又用竹子扎成篱笆,在最外层挖掘出深沟。吕珍希望,这层层的阻隔能阻挡住朱元璋的脚步。

刚开始,这样的战略防守确实起到了作用,并且让朱元璋的左右军受创。可朱元璋不是凡人,暂时的失败并不能使他放弃,他派猛将常遇春带兵,不仅横扫吕珍的兵阵,还三战连捷。吕珍部溃不成军。

这个时候,庐州的左君弼派兵援助吕珍,正好赶上常遇春这个头号先锋。杀红了眼的常遇春越战越勇,又一举击败了左君弼的军队。左君弼救援不成反受牵连,只得和吕珍匆匆逃走。

这下,朱元璋算是救出了韩林儿。可把他安置在哪儿呢?放在应天,肯定不行,那是自己的地盘,怎么能让姓韩的坐享其成?无奈之下,朱元璋只得把韩林儿安置在滁州,依然尊奉韩为皇帝。

刘福通和韩林儿,一个战死,一个被救,这是朱元璋最不希望看到的结果。如果韩林儿也能英勇战死,那他朱元璋正好躲掉了弑君的罪名,还能名正言顺地自立为王。可韩林儿福大命大,居然等到了朱元璋的救援。看来,通向王位的道路,对朱元璋来说,还有些坎坷。

救出了韩林儿,朱元璋心里特别不是滋味。一口恶气吐不出来,此行不能无功而返。朱元璋想,是庐州的左君弼率军援助吕珍的,那好,就去攻打庐州。庐州是通往张士诚势力范围的必经之路,攻下庐州,势必会成为以后与张士诚作战的绝佳据点。

朱元璋立即下令,命徐达等人移师,进攻庐州。不料想,此举却成了朱元璋最大的战略错误。

徐达等人率兵来到庐州,才意识到想要攻下这座城池有多困难。张士诚自然知道庐州的重要性,因此不可能不派重兵把守,再加上此城城墙坚固,想要攻下谈何容易。左君弼虽然败走庐州,可守城之军兵强马壮，养精蓄锐，严阵以待。反观朱军，刚刚经历一场鏖战，士兵疲惫不堪，又一路奔驰而来攻打人家的军事重地，实在是有心无力。

无奈君命不可违，徐达只能克服一切困难，拼力攻击。左君弼仗着庐州城城墙高耸，易守难攻，和徐达展开了拉锯战。结果这一仗，徐达打了整整三个月也没有打完。张士诚似乎特别擅长防御，当年脱脱也曾围了高邮三个月，结果被皇帝一道圣旨召了回去，使张活了下来。现在，城外的人换成了徐达，张士诚的部下也坚持了三个月。而且这一次，城里的人要比城外的人更有把握。

如果张士诚没有投降元朝，那么朱元璋面对的将是一个非常擅长守御的敌人。兵贵神速，一鼓作气的道理会打仗的人都懂，一旦碰上张士诚这么一个有耐力的人，朱元璋实在不能保证自己的军队能像敌军一样坚挺到底。好在命运偏爱朱元璋，把张士诚放在了一个高不成低不就的尴尬位置，即使后来张又恢复了自己的国号，但这样反复无常、没有雄心壮志的人，早已不配争夺天下了。

就在徐达的大军和左君弼在庐州斗得热火朝天之际，一个消息大大地刺激了朱元璋：元军趁朱军不备，发起攻势从朱元璋手里抢走了安丰。不仅庐州久攻不下，安丰这只煮熟了的鸭子竟又飞走了，自己还多了个累赘皇帝，朱元璋这一次，可真是哑巴吃黄连——有苦说不出了。

他悔恨不已，一悔不听刘基劝告，二悔攻下安丰后不派重兵把守，三悔不及时打道回府，四悔贸然做了攻打庐州的决定。如果这一切都没有发生，那朱元璋的麻烦可能只有韩林儿一个，这一次真的是一无所获,还白白损失了兵力。

历史是公平的,它不会改变自己的运行轨迹来弥补谁的错误,每个人都要对自己的行为负责,张士诚是这样,陈友谅是这样,朱元璋也不例外;它为所有人一一列出未来的可能性,让他们自己思考,任他们自己挑选——历史无声地完成了主次排序,也决定了谁王谁寇。

它让每个人都能看清自己的行为所带来的后果,也让这些人按照自己选择的方向走下去,不加阻拦,但它一定会让所有人都获得他们应该获得的,丝毫不减。看起来,那些王侯将相似乎颇得上天的眷顾,但其实,早在他们下定决心的一刹那,就已经有一个结果在等待着他们,历史只不过是逐渐靠近那个结果,如此而已。

就在朱元璋懊悔不已的时候,另一边的陈友谅也是焦头烂额:安丰本来是制衡朱元璋的一步棋,不料这步棋的后手陈友谅却下得不妙。

# 让敌我双方的热血都飞一会

无边的战火烧红了城墙,也烧红了陈友谅的眼睛。让他百思不得其解的是,一个看似唾手可得的洪都城,怎么会变成了一颗拔不下来的钉子?

至正二十三年(1363年)四月,陈友谅率领六十万大军,驾驶着他的无敌战舰,直奔洪都。龙湾一战,让陈友谅愈发重视水军的训练,为此,他还造出了一种可怕的船:"大作舟舰,高数丈,饰以丹漆,上下三级,级置走马棚,下设板房为蔽,置橹数十其中,上下人语不相闻。橹箱皆裹以铁,自谓必胜。"(《明史纪事本末》)

这种船有几丈高,整个船的外面还包上了铁皮。如果把它开到城墙边上,士兵们都可以从甲板搭短梯直上城墙。它上下分为三层,每一层的甲板都能跑马;层与层之间以木板隔开,起到了隔音的效果。就是以现在的眼光来看,陈友谅的战舰也不可小觑,更何况在当时:这根本就是一个钢铁怪物。这一次,陈友谅几乎倾巢而出,小小的洪都能顶住吗?

洪都的守卫者是朱元璋的侄子朱文正。虽说是侄子，朱元璋却对他视如己出。可惜，朱文正的口碑一向不好，二世祖的毛病他几乎样样不落。刚到洪都，这位公子爷的劣迹就一天一更新，不是饮酒作乐，就是流连烟花之地，居然还谱了曲子，让下人们去排演，却撒手不管布置城防的事，下属们无不焦急万分。

朱文正的行径不仅在洪都城内人尽皆知，连城外的人也听说了他的逸事，这当中就包括陈友谅。

本来陈友谅攻打洪都，目的在于以洪都作为基地，进攻应天。洪都位于鄱阳湖畔，水路便捷，对于陈友谅的水军来说，是一个非常有利的停泊之地。再加上洪都距离应天很近，是一个进可攻、退可守的水上要塞。而此时洪都守将朱文正的所作所为，大大增强了陈友谅拿下洪都的信心——朱元璋派此人来守城，实在是要将洪都拱手相让。

被兴奋冲昏头脑的陈友谅忽略了一个问题，那就是，他的敌人不是别人，是朱元璋——这是一个非常可怕的人，他不会做任何无益的事；洪都地位之重要，并不是只有陈友谅知道，朱元璋也清楚得很。所以，朱怎么会派一个无能之辈驻守这个如此重要的城池？陈友谅的一时忘形，让后来的他后悔不已。

感到害怕的似乎应该是朱文正：他的守军只有区区四万人，面对陈友谅六十万大军，想要守城谈何容易，以一当十，以一当百那是小说家的夸张。况且他朱文正的这四万人又不全是冲锋队员，他们还有一座城要守，还有城中的百姓要守——这一仗，注定将艰苦绝伦。

朱文正站在城楼上查看敌情,他看到的,是巨大的战舰占满水面,几乎没有缝隙;几十万大军将洪都围得水泄不通,连风都吹不过来。不敢想象,这六十万人涌进洪都城,会是个什么结果。在朱文正身后站着他的部下,这些都是身经百战的男儿,面对强大的敌人,他们能在最短时间内将恐惧转化为斗志,并爆发出来吗?

朱文正知道,自己平日的所作所为,早已让这些人对自己嗤之以鼻,他们根本不信任自己。对将领的不信任,是作战的大忌,这样的军队没有任何战斗力可言。可如今,他们在一条船上,无论喜欢与否,都将同生共死。此时的朱文正,一改平日玩世不恭的态度,严肃地召开了可能是最后一次的军事会议。他仔细分析了当下的情况,并对如何防守进行了详尽的安排。"诸将分门拒守,邓愈守抚州门,赵德胜守官兵、士步、桥步三门,薛显守章江、新城二门,牛海龙守琉璃、澹台二门,朱文正居中节制,自控精兵两千,往来策应。"

一个洪都,守军只有四万,城门居然有八个。细算下来,每个城门只能分配到五千兵力:一旦陈友谅同时从八个城门发起攻击,那就是五千人抵挡七万五千人的进攻;如果陈友谅只选择几个城门进攻,一个不成就再换一个,这种消耗战,也许陈友谅耗得起,可朱文正耗不起。在这种悬殊的态势下,难以想象朱文正是怎么安排兵力的——安排完毕后居然还多出两千人做策应。仅这排兵布阵的本事,朱文正就不可小觑。

至正二十三年(1363年)四月二十四日,洪都保卫战打响。

陈友谅首先选择进攻抚州门。守抚州门的将领是邓愈,一个极其厉害的人。他命兵士们从城墙上往下扔石头，利用高度的优势来抵挡敌人的进攻。陈友谅的汉军手持竹盾，冒石前进。虽然竹子做的盾牌无法和飞石抗衡，但陈友谅最大的优势就是人多，一点点劣势阻挡不了他；飞石阵再厉害，也抵挡不住如潮水般的敌军。汉军军士手持利剑，攻打城门，居然把城墙砍坏了二十多丈。这哪里是城墙，简直和纸糊的没什么区别。当初修建城墙的工匠们，如果知道有一天洪都的城墙居然让人用刀砍开了，不知会作何感想。

陈友谅还没来得及为打破城墙而高兴，就听见枪声大作。邓愈居然临危不乱，指挥手下用火铳向敌人射击。虽然元末还处于冷兵器时期，但火铳这样的热兵器并不鲜见，而且在经历过几代的改进后，已经相当先进，杀伤力不可小看。

不过，这样的东西，陈友谅的军中并没有配备。汉军一看这发出火光的家伙，立刻慌了，看着大开的城墙，却也不敢再前进一步。利用这短暂的时间，邓愈派人用木头搭起了临时的防御工事，汉军随即开始争夺木栅。这时，朱文正率兵赶到，守卫其他城门的牛海龙等人也带兵来援。朱文正一边命令诸将死战，一边派人修筑城墙，一个晚上便全部完工。在邓愈与朱文正的抵抗下，抚州门保住，陈友谅不得不另做打算。

抚州门虽然保住了，可朱文正的损失也相当惨重：李继先、牛海龙、赵国旺、许珪、朱潜、程国胜等大将皆战死，朱文正自己也受了伤。

五月，陈友谅重新集结队伍，进攻新城门。没想到，守卫新城门的薛显突然自己率兵冲了出来，横冲直撞了一阵，又退了回去。

这突如其来的一击，居然让汉军不敢再攻打新城门。

眼看到了六月，两军僵持一月有余，陈友谅失去了耐心，想从水路发起攻击。没想到朱文正让军士用长矛透过木栅直刺敌军，汉军用手抓住长矛，一时之间难解难分。朱文正又命手下将长矛加热，汉军士兵不假思索用手去抓，结果肉都被烫熟了。看来，水路进攻也不成。

朱、陈二人就这么一个城里、一个城外地对峙着。朱文正虽然凭借自己的军事天才和勇猛过人的胆量在洪都支撑了将近两个月，但面对是自己十数倍的敌人，朱文正知道洪都被破只是时间问题。于是，他派张子明去找朱元璋求救。

张子明昼伏夜行，赶到朱元璋面前。史料记载，他是这么求援的："友谅兵虽盛，战死亦不少。今江水日涸，巨舰将不利，又师久粮乏，援兵至，可必破也。"朱元璋听了很是高兴，就让张子明带话给朱文正，让他再坚守一个月，自己一定会带兵前去支援。

一个月，朱文正坚持到现在就已经快到极限了，再坚持一个月，恐怕到时朱元璋不用去洪都，直接和陈友谅开战就行了。

张子明带着朱元璋的意思又赶回洪都，不料被陈友谅拦截。陈劝他投降，让他说服朱文正放弃抵抗。张子明答应了，不料当他来到洪都城下，却对着城墙上的将士大声疾呼："主上令诸公坚守，大军行至矣。"（《明史纪事本末》）陈友谅大怒，当即杀掉了张子明。

朱文正听到了张子明用命换回的口信，更加拼命地守住城池，等待救援，而陈友谅则彻底崩溃了。

洪都一战，朱文正用区区四万人，牵制住陈友谅六十万大军长达三月之久，这不能不说是一个奇迹。

从表面上看，朱文正确实不是一个好人，种种恶习他一样不少。可他用自己过人的战略眼光和惊人的军事素养，让一个小小的洪都成了陈友谅的噩梦。

面对众人怀疑的眼光，面对手下大将身死沙场，面对敌人的掣肘，面对为了完成任务不惜一死的张子明，朱文正不能心软，也不能动摇。因为，软弱的好人救不了任何人。无论如何，他必须坚持，坚持到最后一刻。

能存活于乱世的人，必有过人之处。单凭放浪不羁就抹杀了朱文正的功绩，是对他的不公。一个德行为寻常人所不齿的花花公子，能于千万军中坚守阵地、不屈不挠？谁能说朱文正不是英雄？

## 没有定数的赌局

大帐内,灯影晃动,光线很昏暗。摇曳的烛光照耀着大将们的脸庞,每张脸上都写满了坚毅、果敢与自信。他们面前,静静地坐着朱元璋。就是这个人,带领众人走到了这一步。这个人,将带领他们走向更大的荣耀。

至正二十三年(1363年)六月,当朱文正还苦苦地在洪都抵挡陈友谅的进攻时,朱元璋集结了部队。他命徐达、常遇春等人从庐州带兵回转,率领大军二十万全力开赴洪都。陈友谅虽然在洪都之战后兵力有所损失,但仍强于朱元璋。更何况,洪都还有陈友谅一直引以为傲的无敌舰队。力量悬殊,人所共知。但既然已经决定了正面冲突,就没有了回头路。

刘基也随大军一道出发了。朱元璋因没有听取刘的意见,执意出兵安丰,险些酿成大祸,幸好朱文正死守洪都,才没有造成不可挽回的损失。虽然如此,刘基并没有因此失去对朱元璋的信心。他知道,这个人,势必会做出一番大事,也只有这个人,才值得他放弃隐居田园的自在生活，回到这纷繁复杂的人间。虽然一时失误可能会使他英雄气短，但既然历史选择了这个人，给了他争夺天下的机会，那他就一定有常人所不及的地方。刘基能看懂星象，也能看透人心：朱元璋的内心无比强大，这将是他在历史的舞台上继续表演下去的最大资本。

此时的朱元璋，也在回想从起义以来发生过的事情。如果当年自己接到汤和的来信，只是读上一读就随手扔掉，并不多想，也许还在皇觉寺里当着身份低下的和尚，受人欺负，时不时还要出门乞讨。又或者可能娶了老婆，生了孩子，守着几亩薄田，过着平淡无奇的日子。还可能会饱受官府压榨，却有苦无处诉，只能长叹一声，命运不公。

但这一切都没有发生，朱元璋给自己选择了另外一条路，投身轰轰烈烈的起义。他不是池中物。元末浩荡的风云，对一些人来说是浩劫，是炼狱，但对朱元璋来说，却是他化身为龙的契机。他牢牢地抓住了机会，从此走上了一条没有安逸只有惊险、没有享受只有不断战斗的道路。这条路上，很多人并肩而行，有人陆续加入，也有人陆续离开。然而能走到的终点，只有一个：那就是天下。

离开郭子兴，是为了谋求更大的发展；摆脱韩林儿，则是为了称王天下。朱元璋并不孤独，他有不弃不离的妻子、赤胆忠心的部下，还有千千万万追随他的热血男儿；朱元璋也是孤独的，古今帝王，都是孤独的，他们既然选择了自己的人生轨迹，就要毫无怨言地承受所有的一切，包括"九五之尊"，也包括"孤家寡人"。

朱文正在洪都坚守八十五天后，终于盼到了叔叔朱元璋亲率的二十万大军。陈友谅立刻放弃洪都,调转势头,向最后的战场鄱阳湖开去。决战,即将拉开序幕。

朱元璋率军从松门进入鄱阳湖,分派军队守住泾江口和南湖嘴,彻底封住了陈友谅退军的去路。既然要战,那就一战到底;封掉敌人退路的同时,也是把自己的退路断了。鄱阳湖终将成为一个人的领奖台,另一个人的墓葬场。

开战前夕,朱元璋召集将领。他对这些身经百战的人,做了最后一次战前动员:"两军相斗勇者胜,陈友谅久围洪都,今闻我师至,而退兵迎战,其势必死斗。诸公当尽力,有进无退,剪灭此虏,正在今日!"(《明实录·太祖实录》)

两军对垒,凭的不仅是谋略和军法,有时候,内心是否强大,勇气是否充沛,将决定整个局势的走向。

至正二十三年(1363年)七月二十日,朱元璋与陈友谅的军队在康郎山相遇。两军之间,是平静的鄱阳湖,但这平静还能维持多久,谁都不清楚。所有人心中都明白,明日,鄱阳湖上,将卷起惊天的巨浪,接受一次血与火的洗礼。

大战前夜,陈友谅看着近在咫尺的敌人,思绪万千。对他来说,和朱元璋没有实质性的争斗索然无味,他要的是彻底的一战。陈友谅看不起朱元璋:仅凭几条渔船就想和自己抗衡,简直是痴心妄想。但他又不得不重视朱元璋:洪都一战给他的打击太大——他不明白,是什么力量支撑着朱文正用近乎自杀的方式抵挡了自己三个月;他不明白,是什么力量让张子明一个弱书生不畏生死;他不明白,是什么力量让那么多的人背叛了自己,投向了朱元璋;他不明白，是什么力量让看似弱小的朱元璋能与自己抗衡，且最终赢得了决战入场券。他想知道，自己的对手究竟是怎样一个人。在这样一个乱世，谁的力量强，谁就是天下的王！这个最简单不过的道理，不对吗？

强者为王，这个道理当然对。但陈友谅太偏执，他以为强大就是兵多，就是船坚，甚至就是心狠手辣。事实并非如此。真正的强者，明白自己要的是什么，也明白要获得就必须有付出，所以他们对敌人决不手软，对子民绝不压榨——他们明白天下最难获得的是人心：所谓强者打天下的过程，正是收获人心的过程。

陈友谅却不明白这个道理。为了一己私利，他杀掉了昔日的上级，杀掉了称兄道弟的同胞，杀掉了所有前进道路上的绊脚石，一直杀到自己身边竟没有一个人忠心，只剩畏惧和鄙夷。这样的军队，在利益面前只能相互利用；一旦有所变故，瞬间分崩离析。陈友谅不明白朱元璋的资本是什么，是因为他看不到这种资本的价值，甚至亲手将其砍杀殆尽——这资本，叫作人心。

无论如何，此时此刻的陈、朱关心的却是同一个问题：鄱阳湖之战，将成为他们生命中最大的赌局。他们将自己几乎全部的身家都压在了赌桌上，机会只有一次：赢了，就能获得天下；输了，就将万劫不复。朱元璋不可能会给陈友谅一条生路，陈友谅亦不会给朱元璋这个机会。一旦开局，就没有退路，谁输谁赢，一切，就在明天。

至正二十三年（1363年）七月二十一日，鄱阳湖之战打响。

当朱元璋的军队靠近陈友谅的舰队时，朱元璋才意识到军中一切的想象都太过拘谨了：陈友谅的战船之大，已经超过了他的想象范围，这不是一支水军，这是一群怪物。恐怕朱麾下的战船还没开到敌军船下，就已被对方战船带起的水浪掀翻了。就算能侥幸靠近敌船，也占不到什么便宜，敌船上包裹的铁甲将抵挡住一切箭矢的攻击。这不是打仗，是送死。

但朱元璋并没有被眼前的场景吓住，他仔细分析了局势，提出了自己的看法。朱元璋告诉自己的部下："彼巨舟，首尾连接，不利进退，可破也。"（《明实录·太祖实录》）陈友谅的船虽然大，但大有大的缺点，那就是行动不灵活。朱元璋的军船虽然小，但在水面上能随机应变，机动性强，所以，破敌还是有希望的。

话是这么说，但谁都明白，执行起来太困难。谁来当这个先锋？如果得手还好，可一旦有个闪失，就是有去无回。首战不利，这个罪名，任谁也担当不起。

就在所有人都陷入沉默之时，一个人站了出来——徐达，他自愿担任先锋。

战场是一个能成就人一生荣耀的地方，也是一个埋葬很多人理想与生命的地方。并不是所有的人在面对鲜血时都能被激发出斗志；相反，很多人直面生死时，会胆怯后退。而这时，能勇往直前的人，才是真的勇士。徐达表现出了他的勇敢，而且，这种勇敢是建立在深思熟虑上的勇敢。

## 鄱阳湖只有血色，没有浪漫

冲天的火，映红了人们的眼睛，映红了鄱阳湖的水面，映红了无尽的天际。从此，水天一色，赤如鲜血。

徐达站在船头，望着身后跟随而来的船只：这是他的先锋队，也是敢死队。和陈友谅的巨舰相比，徐达带领的这些船小得就像蚂蚁，毫无威力可言。但徐达相信自己——他相信，凭借自己对陈友谅的了解以及对敌我双方情况的分析，他已经找到了克敌的良方。只要依计行事，定能旗开得胜。

此时的鄱阳湖，微风徐徐，波光粼粼，正是一派湖光山色。可徐达无心观赏，他命令所有船只加强戒备，全速前进。目标：无敌舰队。

当徐达的船队出现在陈友谅战舰身前时，汉军竟然一时之间被震惊得毫无反应。他们万没想到，如此弱小的朱元璋水军竟然敢首先发起进攻。就在他们恍神的一瞬间，徐达命令舰队分为十一支小

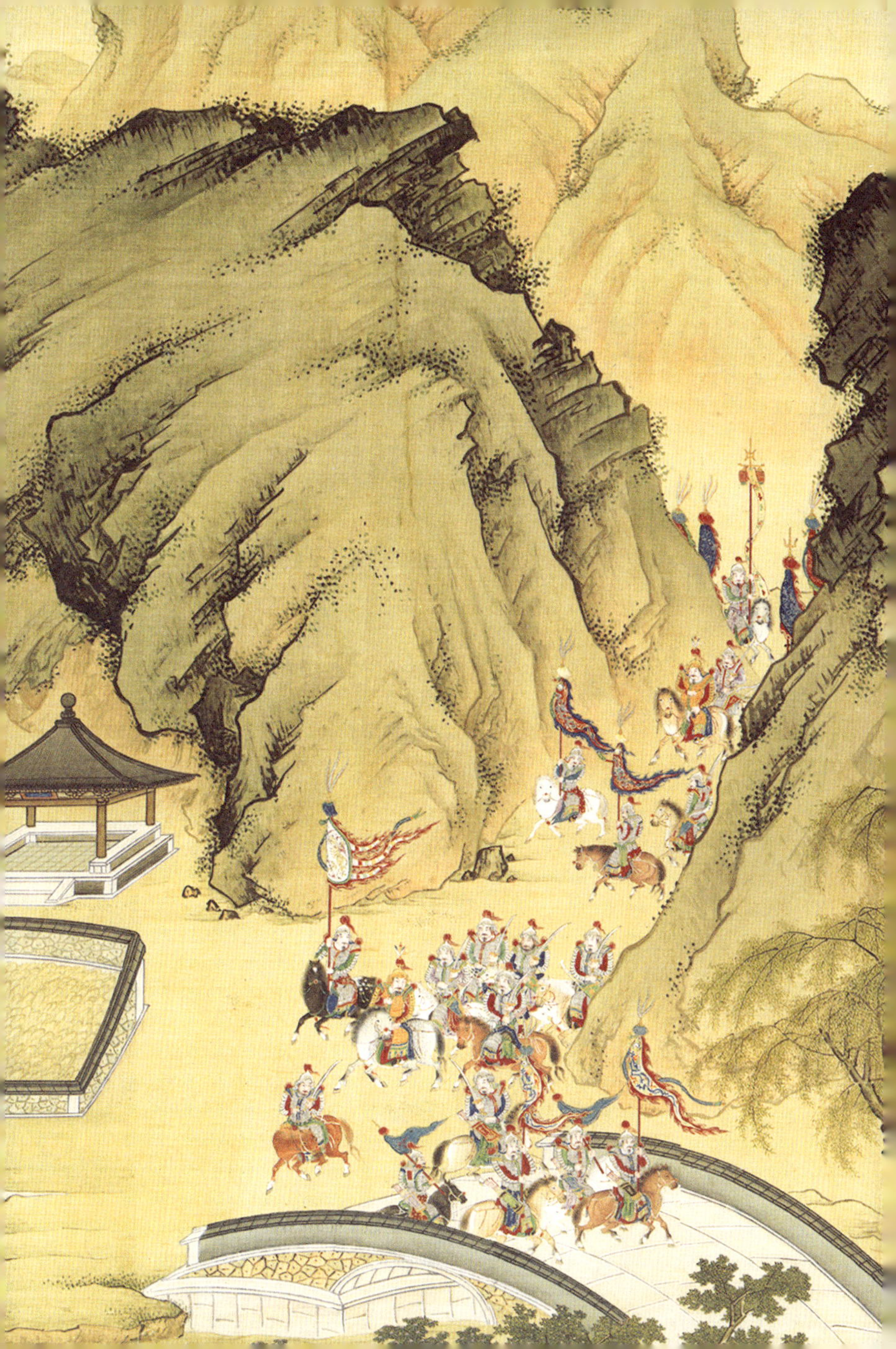

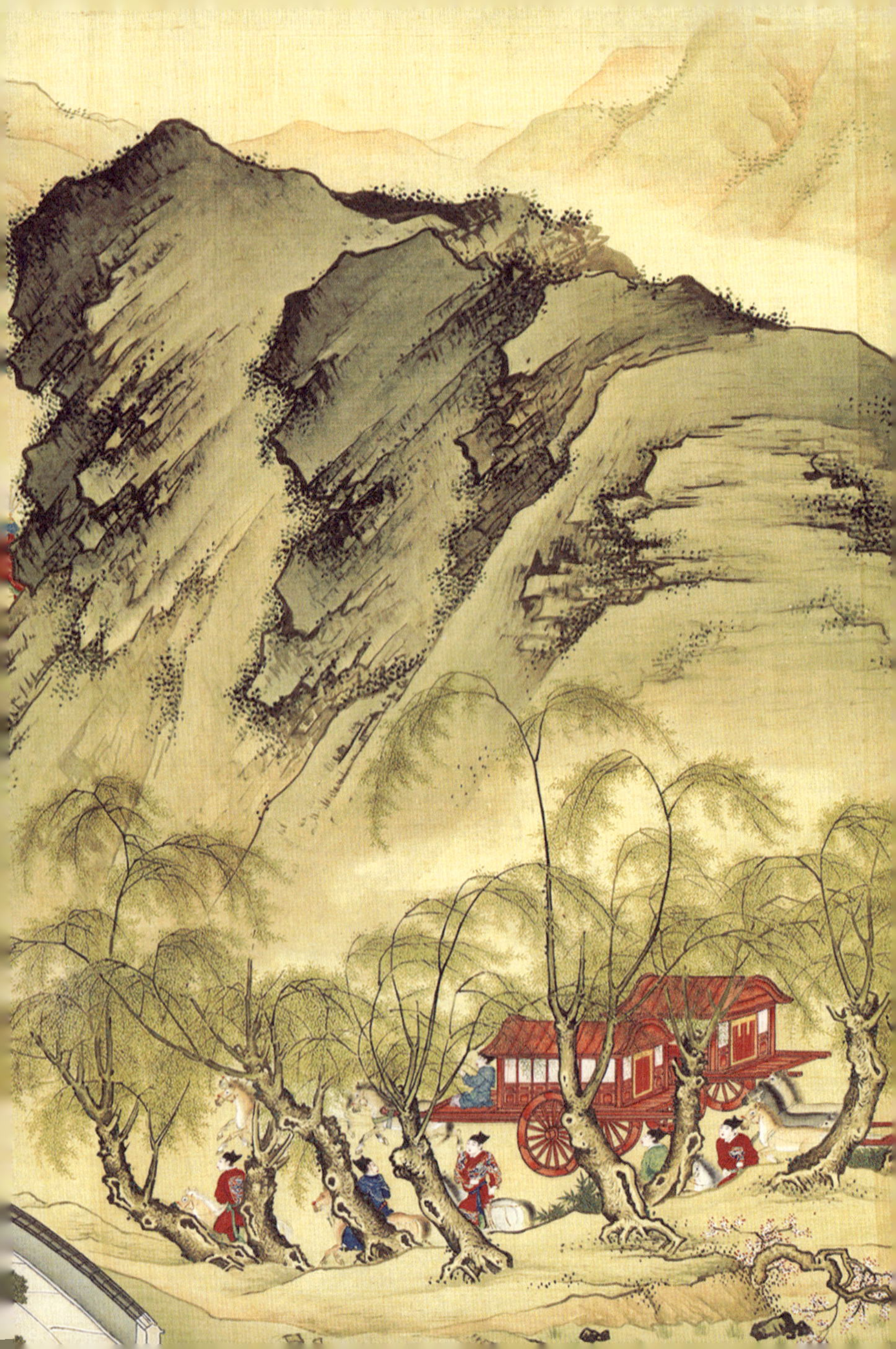

队,从不同方向进攻敌军的战舰。

在出发前,朱元璋已为这次冲击做好了安排。他命令所有的船上按顺序排好火器和弓弩,当靠近敌船后,先向船上发射火枪,然后发射弩箭,最后攀上敌船,和敌人短兵相接。陈友谅的船,最大的优点是大,最大的缺点也是大,面对来自不同方向的进攻,它必然会顾此失彼,躲闪不及。哪怕是一点点的迟缓,也能成为徐达抢占敌船的绝好时机。

这是一个完美的计划,而徐达,则是最完美的执行者。

在战斗中,徐达一直身先士卒。士兵们无论何时看向徐达的旗舰时,都能看到他们的将军挺立在船头,如雕塑般丝毫不惧。这一来,所有人的斗志都被激发出来,没有人退缩,亦没有人胆怯。将军于刀光剑影中一马当先,吾等又有何惧!

古来将者,或是运筹帷幄的儒将,或是冲锋陷阵的猛将;文、武相交,各有所长,亦各有所短。儒将或短于孱弱,猛将或失于莽撞。真正的名将,须是此二者的完美结合体,既要能在千里之外谋划指挥战局,又要随时做好马革裹尸的准备。古时将军元帅很多,但能成为名将的却是屈指可数。而徐达,就是一代名将。纵观他的一生,丝毫不愧对"名将"二字。

当陈友谅的巨舰在徐达的团团包围下显得手足无措时,徐达看准时机,一举攻上甲板。"达身先诸将,击败其前锋,杀千五百人,获一巨舟而还,军声大振。"(《明实录·太祖实录》)这次冲锋,徐达一方不仅没有过多折损,反而杀敌过千,俘获巨舰。徐达这一仗，打得着实漂亮。

陈友谅也不是泛泛之辈，他立刻洞悉了徐达的意图，马上命令其他战舰合力围剿徐达的船队。徐达立刻带兵回撤，陈友谅毫不放松，加紧追赶。不料，等待他的，又是一记重击。

徐达带人撤回后，大将俞通海立刻命人集中所有火力，乘着风势，猛烈攻击陈友谅的先头部队。一时之间，炮声震耳欲聋，战火随风越烧越旺，陈友谅的舰队一下毁掉二十余艘，损失惨重。

陈友谅马上改变作战计划。他利用自己船只高大的优势，逐渐逼近，并居高临下发射弩箭、投掷火把，一时之间，朱元璋的船队遭了殃，徐达所在旗舰亦被火点燃，只得边扑火边指挥战斗。徐达真可谓不世出的名将，在敌强我弱的情势下，在船只被火焚烧的情况下，依然坚守阵地，拼力死战。一直坚持到朱元璋派兵前来援助，方暂时逼退敌人。

这样一来，双方皆有折损，都不敢贸然发动进攻。一时之间，鄱阳湖恢复了平静。两军陷入对峙。

不料，一个人的行动，打破了僵局。而这次行动，差点要了朱元璋的命。

陈友谅是一个心狠手辣、疑心重重的人，但却有一个唯一信任的朋友。在陈友谅的一生中，即使在最危难的时刻，他也对这个人深信不疑；而这个人，对陈友谅可谓肝胆相照，不离不弃。他，就是骁将张定边。

就在陈友谅和朱元璋两两对峙时，张定边率领一支小队突然从军中冲出，直奔朱元璋的旗舰。所有的人都惊呆了，这是一次毫无征兆的突击，连陈友谅这边都一时没有回过神来，朱元璋的部队更是没有一点反应，以至于有那么一刻，张定边如入无人之境，竟没有人来阻拦。当发现张定边的小队对周围的战船不理不睬，只一心奔向朱元璋的旗舰时，所有人才意识到发生了什么，也意识到即将要发生什么。

张定边这个人，实在是不可多得的猛将。和徐达相比，张的军事才能毫不逊色，而且为人更为勇猛，可谓文武双全。他一生始终忠于陈友谅，从没有过一刻背叛。也难怪陈友谅对他没有丝毫怀疑，只有绝对的信任。

站在船上，张定边看着越来越近的朱元璋，恨不得插翅飞过去，取下朱元璋的首级，结束这场战斗。也许是太过恐惧焦急，朱元璋的旗舰在转舵躲避时竟然搁浅，动弹不得。看着张定边的船飞驰而来，朱元璋难道只有等死？危险，在一步步逼近。

就在这生死一线，一个人给朱元璋带来了一线生机。"牙将韩成进曰：'古人杀身以成仁，臣不敢爱其死。'乃服上冠袍对敌，自投水中。"(《明史纪事本末》) 在危急时刻，韩成用自己的生命换取了朱元璋的生机。古人死义，亦死忠，而忠义两全者，韩成可当之。

韩成的牺牲果然蒙骗过了张定边。一时之间，张定边的攻势慢了下来。就在这时，常遇春的一支羽箭破空而过，正射中张定边。无奈，张定边只好撤退。而这时，朱元璋的援兵来到，奋力追赶张定边。张定边身负重伤，边打边撤离朱元璋的水军。

这一天，终于结束了。徐达打击了陈友谅的无敌战舰，张定边差点要了朱元璋的命。这两员猛将，在属于他们的舞台上，表演发挥得淋漓尽致。

第二天，当陈友谅的舰队再次出现时，朱元璋又一次目瞪口呆。陈友谅把所有的战舰都连在了一起，就像绵延的群山。这种压迫感，让朱元璋几乎无法呼吸。同样感到恐惧的还有朱元璋的士兵们，在这样的舰队面前，他们再次感受到了死亡的威胁。有人开始后退逃跑，朱元璋持剑斩杀了十几个逃跑的队长，却依然控制不住局势。

这时，大将郭兴献策："非人不用命，舟大小不敌也。臣以为非火攻不可。"（《明史纪事本末》）朱元璋采纳了他的意见，命死士驾驶装满火药和稻草的船只，乘着东北风，向敌军奔去。等到了敌军船下，所有的死士将燃烧的火把、火药投向敌船。陈友谅的船因为连在一起，一船失火，遍及其余。熊熊的大火染红了湖水，映红了苍穹。风声、哀号声，交织在一起。

又是一次火烧赤壁。鄱阳湖，终成人间炼狱。有时我们不得不承认，历史的重复是有它的必然性的。虽然我们常说要以史为鉴，但当真的面对相似情形时，又有几人能做到不重蹈覆辙？

终于，陈友谅按捺不住了，他要使出他的撒手锏。

经过几天的观察，陈友谅发现，朱元璋所在的旗舰被涂成了白色。于是，他命令手下，当再次开战时，不管其他，目标只有一个,朱元璋的白色旗舰!杀掉朱元璋,就可以把一切结束了。

而当陈友谅再次站在船头观察敌情时,他绝望了:所有的船都被刷成了白色!朱元璋在哪里,谁能告诉他?

尔后的局势,就简单多了。朱元璋再次上演了围攻的好戏,既然他的优势是灵活,就把这种优势发挥到底。

陈友谅被打得疲惫不堪,他甚至不知道朱元璋是在哪里发出的指令。这一次,可能是真的败了。

陈友谅集结残部,想要退向保鞋山。可是,战争的残酷就在于,敌人不会给你喘息的机会,败了,就是死期。此时的朱元璋,断绝了陈友谅所有的退路,并不断发信挑衅,以至于陈友谅大怒,杀掉了所有的俘虏;而朱元璋听闻,立刻放掉了自己这边的俘虏,并给予药和钱。陈友谅彻底失掉了人心。

终于,陈友谅受不了了,决定冒死突围。朱元璋派船追击,冲散了陈友谅的水军。就在双方激战、难解难分之时,极富戏剧性的一幕发生了:陈友谅在船上指挥时,一支流箭射来,穿透了他的头颅。一代枭雄,就此陨灭。

结束了。是不是有点简单,有点突兀?这就是战争,谁也无法预测下一刻会发生什么。谁又能料到,百战不死的陈友谅,最后竟以这样的方式结束了他的生命?冥冥之中,或许真的有一股力量在保护着那些走到最后的人。是天意,还是运气?没人说得清。

陈友谅死了,张定边却把对朋友的忠义保持到了最后。他拼死将陈友谅的尸体和陈的儿子陈理带出重围,并拥立陈理为帝。只可惜,陈理这个皇帝没做多久,朱元璋就兵临城下。无奈,张定边只好带着陈理投降。从此,汉国不复存在,陈友谅一生的心血,付诸东流。

# 第四章
## 对敌人,累死也不放过

## 张士诚，你是活腻歪了吧

湖面上，波光荡漾，溶溶的月色下，飘荡着一阵若有若无的吴侬软语。张士诚坐在船中，美酒在手，美人在怀，好不自在。他早已习惯了这样的享乐，却不知有一双眼睛，正冷冰冰地盯着他，欲除之而后快。

至正二十四年（1364年）正月，朱元璋自立为吴王。在经历了漫长的"高筑墙、广积粮、缓称王"的岁月，朱元璋已不再是那个夹于豪杰之中的小小将领，他已经积攒了足够的力量。隐忍的日子是难熬的，但却让他躲过了元朝的剿杀。现在的他可以昭告世人，朱元璋不再听命于任何人！韩林儿早已没有了约束力，从此，他朱元璋，将是名正言顺的王。

为区别于张士诚的吴政权，史书将朱元璋的政权称为西吴，张士诚的称为东吴。

现在，西吴将矛头对准了东吴。一山不容二虎，一国不容二吴，与元朝决一死战的只能有一个。那个人，在朱元璋看来，只能是自己。

至正二十五年（1365年）八月，朱元璋开始全力进攻张士诚的势力范围，不到半年的时间，就连续攻下了张士诚占据的大片区域，甚至包括张士诚曾经死守过的高邮。而张士诚在连续不断的战争中节节败退，最后退守姑苏。

此时的东吴早已经没有了当年的辉煌。曾经，江南的人民为能生活在张士诚的势力范围内感到庆幸，张士诚不但免去了元朝加在百姓身上的苛捐杂税，还带领百姓加强建设、发展经济，孩子们也有学上、有书读了。张士诚待人是那么宽厚，没有一点架子，从不为难平民百姓。一切，都是那么的安和喜乐。可不知从什么时候开始，这片天空，开始变色了。

似乎一些农民起义领袖都难逃一个规律，那就是，起义军首领在打拼天下时，总是能体恤百姓的疾苦，一旦有了落脚点，就会按照他们心中的理想国来建设统治区；而一旦局势变得安稳，统治者力量开始强大时，穷人乍富所带来的后果便显现出来。统治者们开始疯狂地聚敛财富，夺人妻女，广建宫室。比起曾经的统治者，新王的所作所为有过之而无不及。起义是为了什么，似乎他们已经忘了。

其实原因很简单，当一个人迫于形势举起策反大旗时，他的想法只有一个：改变现在困苦的生活，改变自己低贱的身份和地位。起初的他们与百姓有着同样的经历，对百姓的疾苦感同身受。时间一长，这些人的境遇得到了根本的改变，他们得到了自己曾经为之奋斗的一切，于是，人心就变了。

一些农民起义的领袖没能在得到天下之后再将天下还给天下人。他们已经尝过了受万人敬仰的甜头，自以为已经改变了身份，不再是曾经的穷人。那么，他们自然会想尽办法利用并巩固自己的权威和地位。于是，有人开始耽于享乐，有人开始横征暴敛。这一切一旦开始时，历史就又回到了原点。

张士诚就是这样。然而，当他感觉到来自朱元璋的危险时，大祸已经近在咫尺了。

至正二十六年（1366年），朱元璋交给徐达、常遇春两人二十万大军，命他们夺取张士诚最后的根据地平江。出发前，朱元璋将徐达和常遇春招到身边，询问他们的作战计划。常遇春主张直接攻打平江，拿下平江后，其他各郡都不在话下。

朱元璋并不同意常遇春的计划。他认为，张士诚身边尚有张天骐、潘元明这些死党，一旦攻打平江，他们必定会前来援救。到那时，西吴军队就会陷入援兵的包围，动弹不得。所以，不如先攻打湖州，让张士诚的军队疲于奔命，到时再转战平江，定能一举成功。

事实证明，朱元璋的看法是对的。

徐达与常遇春率领大军出发，一路打去，一路告捷。但张士诚好歹也是一方豪杰。九月，张士诚派徐志坚以轻舟从东阡镇出发，想要攻下姑苏桥。然而，在这里，东吴部队将遇到永远无法跨越的障碍——常遇春。

常遇春跟随朱元璋的时日并不长，他是在至正十五年（1355年）的时候才投奔朱元璋的。据《明史纪事本末》记载，常遇春原本是刘聚的手下，因刘聚胸无大志，只知道烧杀抢掠，常遇春因此决定投奔朱元璋。在到达朱元璋的军队之前，常遇春在田间休息，做了个梦。他梦见有穿着金铠甲的人叫他起来，说是主上来了。这个时候，朱元璋正好骑马经过。常遇春从梦中惊醒，看到朱元璋，立刻请求归附，并提出要求，别的不做，就做先锋。

和别人比起来，常遇春算胆子大的了。元末时期，很多人是因为吃不饱饭才投靠起义军，有真本事的没几个。朱元璋看这狂妄小子上来就要当先锋，大概也是这么认为的。于是，朱元璋说："尔饥故来归耳，且有故主在，吾安得夺之！"意思就是，你是因为没饭吃才来投靠我，再说你的旧主还在，我怎么好意思用你。没想到常遇春不气馁，一直要求当先锋。朱元璋无奈，只好说，如果能帮助他渡江，再提做先锋的事吧。

结果，当朱元璋攻打采石矶时，元朝的部队列阵于岸上，迫于敌军，朱元璋的船队在距离岸边三丈的地方徘徊，就是无法登陆。这时，常遇春驾驶小船飞奔而来。朱元璋大喝，命令常遇春突击登陆。

常遇春没让朱元璋失望，"应声挺戈，跃而上，守者披靡，诸军从之，遂拔采石，乘胜径攻太平"（《明史纪事本末》）。一个人，一支长矛，竟然撕开了敌军防守，帮助朱元璋拿下了采石矶。自此，朱元璋对这个年轻人刮目相看，不仅把先锋的位置交给了他，也把"天下奇男子"的荣耀给了他。此后常遇春替朱元璋东征西讨，立尽战功，自然也就成为朱元璋的敌人的噩梦。

张士诚派徐志坚出发的那天，天降大雨。徐的船队还没走出多远，就遇上了常遇春派出的突击队。数百只船将徐志坚的船队团团围住，徐志坚还来不及做任何反抗，就被生擒。所率两千余人，尽被俘虏。

张士诚听闻这个消息震惊异常，遂派右丞相徐义到旧馆勘察形势。不料，徐义差点有去无回。

常遇春早早等在徐义回程的路上，断绝了徐义的退路。徐义无奈之下，只得派人给张士诚报信，希望他能出兵，与屯在旧馆的士兵合力攻打常遇春。于是张士诚派亲兵驾赤龙船前去支援，徐义才得以逃脱。

徐义逃出重围后，和潘元绍带领赤龙船队驻扎在平望，又驾驶小船偷偷潜回乌镇，想要援助屯于旧馆的东吴军队。但常遇春没有让他们如意，从别港追来。

刚到达平望，王铭就手持长矛率先登船，并纵火烧掉赤龙船。一时之间，火光映天，喊杀声四起。赤龙船队所有军械物资全被火焚烧殆尽。旧馆的东吴士兵再也盼不来任何援军了。

十月，遇春率兵攻打乌镇。徐义、潘元绍根本没有招架之力，只得放弃乌镇，仓皇逃走。怎奈常遇春不依不饶，一直追赶他们到升山，驻守升山的东吴平章王晟还没弄清是怎么回事，就被常遇春一举攻破六寨，剩下的残部只得退入旧馆之东壁。这时，张士诚的义子，号称五太子者，带领大军前来支援。常遇春稍有不支，多亏副将薛显率领船队奋勇前进，冒着危险烧掉了五太子的船队。敌军大败，四散而逃，再也组织不起有力的进攻。

姑苏桥，常遇春——张士诚永远也不会忘记。他屡次组织军队，或进攻，或支援，都被常遇春扼杀在摇篮里，对常遇春没有产生丝毫的威胁。

史书记载，常遇春"沉鸷果敢，善抚士卒，摧锋陷阵，未尝败北。虽不习书史，用兵辄与古合"(《明史·卷一百二十五·列传第十三》)——又是一个在实战中成长起来的大将。常遇春虽有杀降的毛病，但瑕不掩瑜，他的赫赫战功是所有撰写明史的人都无法忽略的。朱元璋身边名将很多，常遇春便是其中耀眼的一位。他骁勇善战，所向披靡，无人可及。直到现在，我们仍能想象出他在战场上奋勇杀敌、身先士卒的豪情与气概。徐达善谋，遇春善攻，一时之间，若提名将，必言徐、常。

在朱元璋立国后，常遇春仍然发挥着他无敌的军事才能，替朱元璋北出沙漠，征讨元顺帝。然当常遇春打算带着战利品班师回朝时，却在柳河川这个地方暴病而卒，时年四十。漫漫黄沙，终成英雄魂归之地，怎不令人扼腕叹息。

常遇春的一生，就像是划过夜空的流星，极其耀眼，却又转瞬即逝。但转念想到朱元璋后来的那些令人心寒的行为，早亡对常遇春来说或许是一种幸运，使他能带着一身荣耀离去。

总之，在徐达和常遇春出色地完成了朱元璋下达的命令后，西吴全军的目光都朝着一个方向——平江。这将是朱元璋和张士诚最后交锋的地方，鹿死谁手，还未可知。

## 最爱的人伤我也最深

当朱元璋收拾完陈友谅,打算对张士诚下手时,一个坏消息传来:他的亲侄子朱文正打算叛变!朱文正想投降朱元璋的宿敌张士诚,正准备协助张士诚,起兵征讨西吴。

朱元璋一下子蒙了:朱文正,自己的亲侄子,投奔自己后,朱元璋自认对其视如己出。朱元璋喃喃道:"无论是谁都可能背叛我,只有他不能!"

其实,朱文正的背叛是有原因的,只不过这原因,真是太过愚蠢。

如前所述,至正二十三年(1363年),朱元璋派朱文正坚守洪都。朱文正以极少的兵力,拖住陈友谅六十万大军整整八十五天,使朱元璋躲过了腹背受敌的困境。而当朱元璋带兵前来解围时,陈友谅退入鄱阳湖,与朱元璋展开了正面交锋。两军大战,朱元璋占尽上风;陈友谅困于湖中多日,弹尽粮绝。因此,陈友谅又派出五百艘船只前往都昌抢夺粮食。这次又是朱文正派人截住了他们的粮食，断了陈友谅的生路，将陈友谅朝着深渊又推了一把。

应该说，陈友谅得以铲除，朱文正功不可没；论功行赏，他应该排在前面。

战后，按照惯例，朱元璋对有功者封官加爵。轮到朱文正，朱元璋问他想要个什么官，朱文正回答得很是得体。史书记载，文正"即曰：'爵赏不先众人而急私亲，无以服众；且叔父既成大业，侄何忧不富贵？'"意思就是说，打了胜仗，您不先对别人进行奖赏，反而急着给您的亲人封官，这样做怎么能服众呢？再说了，等您成就大业，夺取江山，侄子我何愁不能荣华富贵呢？一番话，说得朱元璋是眉开眼笑。他没想到，自己这个平日里脾气不太好的侄子竟然如此识大体，懂得为自己着想。于是，朱元璋就命朱文正继续驻守江西。

这下子朱文正傻了：自己原本只是和叔叔客气客气，没想到叔叔却一点也不客气，真的就把自己给省略了。

朱元璋的一生可谓雄才伟略，然而让人想不通的是，他居然对人情世故一窍不通，也不知道朱元璋是真糊涂还是装糊涂。或许，朱元璋只看到了朱文正的军事天才，却没能看透他这个侄子的人品性格。朱元璋可能真的认为朱文正是一个一心辅佐自己、不求回报的股肱之臣，所以，朱文正的一番谦辞被他当作了肺腑之言。其实，朱文正从不是叔叔心中的那个好孩子，这个孩子有要求也有欲望。他要求得到自己应得的，这并不过分；只不过，他不该假装谦虚，他完全可以说出自己的要求。

朱文正困惑了，自己劳苦功高，以四万人坚守洪都八十五天，不是什么人都能做到的。这样的功劳竟什么都没有换来，居然还得让自己驻守江西这个偏远之地！难道叔叔是一个为了笼络人心就可以牺牲亲侄子的无情之人吗？

看到自己昔日的部下都得到了封赏，有的还比自己待遇更高，朱文正心理失衡了。而心理失衡的结果，就是冲天的怨气。

史载，朱文正回到江西后，"遂骄淫暴横，夺民妇女。所用床榻，僭以龙凤为饰，又怨上不先封己，前所对上者皆诡辞"。整日花天酒地，淫人妻女，连吃穿用度都按皇帝的标准来，这可是僭越的大罪，但朱文正依然故我。如果说洪都保卫战之前朱文正的"二世祖"形象是为麻痹敌人陈友谅，那他现在的所作所为真可以说是"纨绔子弟"的最佳例证。但这依然不能消解掉朱文正心中的怨恨，每每想到自己遭受的不平等待遇，朱文正就恨不得杀人；就在这股怨气将达到极致时，朱元璋做出的一个举动，无异于火上浇油。

朱元璋听说了朱文正的种种劣行，居然派了个人前来斥责他。朱文正这边一股邪火正没处发，又被人劈头盖脸地骂了一顿，积蓄已久的怨气一点而着，他做出了一个惊人的决定：既然你朱元璋不重视我，那我就去找一个重视我的人。而当时，唯一能和朱元璋相抗衡的，就是张士诚。于是，朱文正反了。

其实，直到朱文正决定背叛朱元璋之前，其所作所为都是可以理解的，毕竟有功之臣一无所得，难免让人心灰意冷，满腔愤恨。但问题就在于，朱文正做出的决定却是极不明智的。虽然他对朱元璋说的一番话实属谦辞，没有什么可信度，但有一句却是对的，那就是，一旦朱元璋得到天下，那朱文正的身份就是一人之下、万人之上了。

虽然朱元璋对待功臣的态度令人胆寒，但他对自己亲人却都是实实在在的，能封的都封了。毕竟，在这个世界上，只有亲人才会永远在自己身边，这也是苦孩子出身的朱元璋最大的体会。朱文正也不想想，一时的得失算得了什么，他最大的资本就是自己与朱元璋的关系，这是任何人都取代不了的。所以，只要一心跟着朱元璋，他朱文正早晚有一天飞黄腾达。只可惜，激怒之下，朱文正失去了思考能力，做出了错误的决定。

朱元璋得知朱文正准备叛变的消息后，震惊之下，立刻亲自来到南昌，打算教训一下自己这个不懂事的侄子。朱文正没想到自己打算叛离的事让朱元璋知道了，更没想到朱元璋会亲自来。当朱元璋派人来召他前去时，他还没反应过来，朱元璋的突然袭击让他手足无措。当朱元璋见到朱文正后，史书记载，朱元璋"泣谓曰：'汝何为若是？'"即"孩子啊，你为什么要这么做呢？"朱元璋确实无法理解朱文正的行为。

官，自然是做不成了；自由，也即将离开朱文正。

朱元璋把朱文正从江西带回建康。当时所有的大臣都上书请求严惩朱文正，大有不杀不足以平民愤之意。而朱元璋此时表现出了难得的宽容，他对大臣说："文正固有罪，然吾兄止有是子，若置之法，则伤恩矣。"朱文正是朱元璋哥哥唯一的儿子，他虽然有罪，但如果法办，会伤害骨肉亲情。于是朱元璋把朱文正囚禁起来。朱文正就在无尽的囚徒生涯中，走完了他的一生。

应该说，朱元璋对朱文正还是不错的。在争夺天下的过程中，一个叛徒所带来的危害是不可估量的，杀之并不为过。但朱元璋还是放了他一马，并且在朱文正死后，封他的儿子为靖江王，镇藩桂林。

只可惜，一代将才，还没来得及做出一番大事业，就在囚禁中早早结束了自己的生命。反观朱文正的一生，他的结局完全是他自己一手造成的。朱文正虽然有极强的军事才能，却完全不懂得为人处世，甚至不懂得顾念骨肉亲情。亲人是什么，是既可以共患难，也可以同富贵的人。可惜朱文正不明白这一点。他为人心胸狭窄，放荡不羁，又品行不端，触怒朱元璋是早晚的事。这个人，注定不能善终。

而朱文正事件给朱元璋带来的伤害也是无法愈合的：亲侄子的背叛，让他感到了彻骨的寒冷。如果一个人连自己的亲人都不能信任的话，那还能信谁？朱元璋的心中，从此埋下了一根刺。在以后漫长的岁月中，朱元璋对任何人都怀有疑心，对任何人都不再信任，正是这件事的后遗症。

而这个事件的另一个受害者，或者说间接受害者，就是张士诚。朱元璋不能接受任何人离开自己投向敌人的怀抱，未遂也不允许。所以，朱元璋把一腔的怒气都撒在了张士诚身上。既然只能有一个人成为天下的主，那只能是朱元璋。他要消除所有被背叛的可能，让所有的人不再有其他的选择，只能忠于自己。

他要让张士诚付出生命的代价。

## 平江攻击战：堵死你不偿命

一个国家强大与否，一般以人口数量多少作为基本的判断标准。所以，古代的帝王们争天下，一争人口，二争土地——朱元璋也不例外。在打天下的过程中，朱元璋不断壮大自己的力量，直到攻打张士诚的最后据点平江时，西吴已经有洋洋数十万大军。几十万人攻打一个城市，好像轻而易举。

但真的是轻而易举吗？别忘了张士诚擅长什么——防守！当年一个小小的高邮，在脱脱号称百万大军的围攻下，依然坚持了下来，坚持到了命运逆转的时刻。朱元璋想要拿下平江，看来要费一番功夫了。

不过，朱元璋依然充分发挥了他人多的优势。现在看来，他的作战计划几乎毫无技术可言，完全是人海战术。"达军葑门，遇春军虎丘，郭兴军娄门，华云龙军胥门，汤和军阊门，王弼军盘门，张温军西门，康茂才军北门，耿炳文军城东北，仇成军城西南，何文辉军城西北，筑长围困之。"一个小小的平江城，居然有十一支军队从十一个方向同时发起攻击；这还不算，朱元璋还在城外筑起围栏，把平江团团围住，简直是水泄不通。不过光人多还不行，平江虽小，可也要看它掌控在谁手里。现在的张士诚可以说是走投无路了，如果平江没了，天下还有什么地方是他张士诚可以去的？所以平江一定要守住，死也要守住。

史载，当时的平江城，城墙坚不可破。既然已经到了退无可退的地步，那就高筑城墙吧，就算困死在城里，也绝不能让朱元璋打进来。

张士诚加强城防确实给朱元璋攻打平江带来了不便。城墙太高了，士兵们攻击的时候，仰着头打仗太困难。守城的将士只要关紧大门，从城楼上往下扔石头，朱元璋就一点办法都没有。但朱元璋不担心，他的军队人数那么多，完全可以抽出一部分来建筑工事；而朱元璋建造的工事，实在是让人叹为观止。史料记载："架木塔与城中浮屠等。别筑台三成，瞰城中，置弓弩火筒。台上又置巨炮，所击辄糜碎。"西吴士兵把木塔修得和城里面的塔一样高，还分为三层，每层都设弓弩火筒襄阳炮。这样的工事，在大战来临之前居然能很快建立起来——不得不说，人多力量大。

这些丝毫没有吓倒张士诚。他依然相信，只要像多年前的高邮一样，坚持下去，就可能有奇迹发生。只不过，这一次，奇迹没有发生。朱元璋不是脱脱；他是君，不是将，没有人可以临阵换下他。当朱元璋放下指挥旗的那一刻，就是城破的时候。

元至正二十七年（1367年）二月，平江攻击战打响。

朱元璋的人海战术发挥了强大的优势，一波又一波的军队持续不断地向城门发起进攻，而他建造的高大木塔此时也派上了用场，站在木塔上的士兵甚至比城楼上的士兵还要高。局势一下扭转，朱元璋这边的军队从木塔上往下扔石头、发弓弩，襄阳炮射出的炮弹一颗接一颗朝城楼砸去。负责防守的士兵们叫苦不迭，既要防止朱元璋的军队从城门进攻得手，又要不时地躲闪来自头顶的打击。两面夹击让这些士兵疲于奔命，哪还有一点战斗力可言。

即使被打得毫无还手之力，张士诚依然没让朱元璋占到多大便宜，西吴的军队依然只能在门外张狂。一时之间，竟然没有一支军队破城成功。张士诚守城的本事不可小觑。

元末实在是个人才辈出的时代，像张士诚这样的私盐贩子，居然也在战火的洗礼中成长起来，成为可以争夺天下的候选人之一。就算史书记载张士诚没有远见、胸无大志，但他依然是一个值得尊敬的起义军首领，因为，他曾为自己的事业付出了所有。

虽然一时之间，进攻平江没有什么进展，但朱元璋似乎一点也不着急。当围城不下时，徐达给朱元璋上书，请求下一步指示，朱元璋亲自给徐达回信，先是把徐达夸了一番，然后又给了徐达便宜行事之权。意思就是将军你不用着急，你觉得怎么打合适就怎么打，不用再请示我了。由此可见，朱元璋对拿下平江信心满满：城破只是时间问题，他耗得起，但张士诚耗不起。

其实一开始，朱元璋并不想大动干戈，只想困住张士诚，困到他自己投降为止。只不过张士诚不是那么容易妥协的人，以至于久攻不下，令双方陷入对峙。朱元璋没办法，就派人送信给张士诚，说如果张士诚弃城投降，会好好善待张士诚及其家人。但张士诚没有给朱元璋想要的回音。

天底下哪有能得善终的投降者，更何况是曾经兵刃相见、争夺天下的敌人？张士诚深谙此道：投降也是死，抵抗也是死，还不如死得光明正大，也不枉为英雄。

然而被围困久了，张士诚也有些受不了了，整天都要担心城破会不会就在今日，终日惶惶不安，西吴军队不间断的进攻更是让他身心俱疲。无奈之下，张士诚决定突围。

可是突围，没有他想象的那么容易。

当张士诚勘测突围路线时，发现城左处部队严阵以待，根本没有机会突围成功。张又派手下朝常遇春驻扎方向突围，然这实在是一个错误的选择。常遇春察觉了张士诚的意图，派兵断了来者的退路。张士诚无奈之下只得亲率军队自山塘出兵援助。然常遇春的军队实在勇猛，张士诚此次突围不仅没成功，还损失了大批精锐部队，自己也负了伤，狼狈逃回城中。

就在张士诚感到绝望的时候，一个人来到他的身边。只不过这个人，不是来救他的，而是来劝降的。

当时的李伯升看到张士诚已经如困兽，就派人前去充当说客。张士诚把这个人放进城来，召到自己身边，问他想说什么。不得不佩服张士诚此时面对敌军说客的平静与从容，或许，他也感到自己坚持不了多久了。

能当说客的一定要有舌灿莲花的好口才。这个说客把张士诚比作项羽，说要是能够记住当时高邮之战的艰苦，励精图治，天下就有可能是他的了。张士诚无奈，说现在说这个还有什么用，那人又说，因为张士诚治军不严，又耽于享乐，对政事不闻不问，才造成了今天的局面。

这些话张士诚听了很是感慨，可感慨又有什么用呢？这时，说客使出了撒手锏，即他此行的目的。他劝张士诚投降，但又在极大程度上保留了张士诚的面子。史载，这个人是这么说的："天命所在，人力无如之何。且今攻我益急，公恃湖州援，湖州失；嘉兴援，嘉兴失；杭州援，杭州又失。今独守此尺寸之城，誓以死拒。然窃虑势极患生，猝有变从中起者，公此时欲死不得，生无所归。故窃以为莫如顺天之命，自求多福，令一介之使，疾走金陵，称公所以归义救民之意，公开城门，幅巾待命，亦不失为万户侯，况尝许以窦融、钱俶之故事耶！且公之地，譬如博者，得人之物而复失之，何损！"意思就是说，你现在的处境都是天命，如果到时内部生变，你就求生不得，求死不能了；还不如投降，这样还能做万户侯，没什么损失。

不过这套说辞并不能打动张士诚。张士诚没让这个人说下去，也没做任何表态。他知道，朱元璋是不可能放过他的。阵前的承诺，究竟能兑现多少，对张士诚来说，根本就是未知数。

而后，张士诚又进行了一次尝试。他率兵从胥门突围，这次势头很猛，只不过他遇到了更猛的常遇春。就在双方交战的时候，在城楼上督战的张士信突然大喊，命令收兵。于是，东吴军又大败。此后的张士诚放弃了突围，再也不敢有所动。

让人费解的是，张士信为什么要临阵收兵，即使不占优势，也不能突然止戈，这于士气、局势都没有好处。但张士信来不及做出解释，就被飞来的炮弹击碎头部而亡。

可能是受到朱元璋的启发，东吴这边也开始制造火炮以抵御进攻。只不过毕竟困守城内，制造的原料不多，到后来城中的树木土石均被用光，竟到了拆掉百姓房子做炮具的地步。不过徐达这边也有对策，他秉承了西吴军团强大的建筑能力，在军队中用树木搭起像屋子一样的架子，然后把竹子覆盖在上面，让士兵躲在下面，这样一来就能避免被炮弹砸中。

看来，张士诚已经走到末路了，和朱元璋的消耗战，也许已经走到头了。

不管怎么说，张士诚保持了一个将领应有的风度和气节。在坚守平江长达八个月后，张拒绝敌人的招降，不到最后一刻决不放弃。大概这正是他能在风云变幻的元末占有一席之地的原因吧。

张士诚的最后一刻，就快要到来了。

## 被权力淘汰出局的强人

在各种比赛中,有一种赛制叫作淘汰赛,比赛双方,输一场即被淘汰出局,告别比赛。这种赛制的目的就在于避免实力强的选手过早相遇,导致在后面的比赛中对阵双方的实力相差悬殊,影响比赛的悬念和精彩程度。

看上去,元末时期的那场轰轰烈烈的农民起义运动就像是一场淘汰赛。只不过这场比赛的规则过于残酷,被淘汰者不仅没有卷土重来的机会,甚至连性命都不保。

朱元璋和张士诚就像是比赛双方的选手。他们经历了一次又一次的淘汰赛,并且幸运地赢得了各自的比赛。而后,双方在平江这个赛场上举行决赛。这场比赛虽没有任何悬念,却依然精彩十足。

至正二十七年(1367年)九月,这场比赛终于结束了。

九月辛巳,葑门破,阊门新寨亦破。朱元璋的部队,终于进了平江。

此时的张士诚,虽然败局已定,但依然不放弃抵抗。城破时,张士诚"收余兵二三万，亲率之，战于万寿寺东街，复败"(《明史纪事本末》)。当敌人从四面八方向自己奔涌而来时，张士诚依然带领军队与敌人进行巷战——巷战是最残酷的战斗，偌大的城市中，没有人知道哪里有埋伏，但会在某条街道与敌人不期而遇，而后就是贴身肉搏。因为巷道的特点，战斗经常会在局部发生；而最终因缺少救援，无声无息地被敌人消灭在某个角落，就是巷战最悲惨的结局。

只可惜，张士诚的勇气没有支撑他走到最后。局势已经不可扭转，任何努力在朱元璋看来都是徒劳的。他不停地派人向张士诚宣传，劝说他投降，并且做出种种保证。张士诚只是轻蔑地观赏着敌人的表演，不置可否。

但张士诚不是没有牵挂的。当初兵败时，张士诚曾担心一旦自己命丧，妻儿该如何是好。《明史纪事本末》记载，张士诚问他的妻子刘氏："我败且死，若曹何为？"也许张士诚只是一时的感慨，也许他只是对人世的留恋，但没想到，他的夫人刘氏回答道："君勿忧，妾必不负君。"结果，这个女子，做出了她一生中最大胆的事，"乃予乳媪金，抱二幼子出，积薪齐云楼下，驱其群妾侍女登楼，令养子辰保纵火焚之。刘氏自缢死"。

这个站在张士诚身后的女人，一个在史书上甚至连姓名都没有留下的女人，竟是这般的贞烈。她懂得英雄气短皆因儿女情长，自己的丈夫纵使还有一线生机，恐怕也会因为顾及自己的安危而被断送。又如果他面临的是无法回转的死亡，那自己何不早走一步，黄泉路上也不会太过寂寞。她始终坚信，自己的丈夫不会投降，虽然有人说过他软弱怯懦，有人说过他优柔寡断，但她明白，在这样一场实力悬殊的对决中，他唯一能为自己留下的，就只剩尊严了。所以，她不能成为他的拖累，不能看着他因为自己而放弃尊严。生，亦何欢，死，亦何惧。

英雄身边，往往有这样的女子陪伴。项羽有虞姬，而张士诚有刘氏。她们平时或许柔弱，或许娇憨，或许只知相夫教子，却不知天下几分，但在最后的时刻，她们却表现得比男子更为刚烈。

妻子死后，张士诚似乎真的再无眷恋了。他把自己关在房间里，想要一死了之，却被曾经的部下赵世雄解救下来。赵世雄劝说道："九四英雄，患无身耳。"你张士诚是个英雄，还怕保不住一条命吗？可他又怎会知道，这时的张士诚早已不畏生死，只求一个了断。

随后，张士诚被生擒，押往应天。一路上，张不发一言，并且拒绝进食。无论朱元璋派多少人来劝说他，都无济于事。后来，朱元璋派了第一重臣李善长来劝降。起初，张士诚依旧是一句话都不说。直到后来，不知怎的，张士诚竟怒骂李善长，而李善长因为被骂得脸上挂不住，几乎与张动起手来。

关于张士诚的最后结局，流传着许多版本。《明史纪事本末》的说法是"士诚竟自缢死，赐棺葬之"。而另外一本笔记《剪胜野闻》的记录，可能更加可信。"张士诚面缚见帝，俯首瞑目，踞坐甚不恭，帝叱之曰：'盍视我？'对曰：'天日照尔不照我，视尔何为哉？'帝以弓弦缢杀之。"（《剪胜野闻》）张士诚见到朱元璋后，低头闭目，根本就不看朱元璋，很是嚣张。朱元璋被激怒了，斥责他说："为什么不看我？"张士诚的回答是他此生最后的一席话："你我二人现在的情况，是上天眷顾你而不眷顾我的结果，并不是你朱元璋比我强多少，我为什么要看你？"此话一出，张士诚只落得个被弓弦绞死的下场。

一代英雄，命丧弓弦之下，可叹可叹。

纵观张士诚的一生，这个人确实不具备争夺天下的能力。当年的他，十八条扁担起义是何等豪气干云。高邮一战，奠定了他在历史上的地位。随后开拓疆土，收编军队，励精图治……和百姓一起同甘共苦，这些其实是一个领导者最重要的品质。但可惜的是，这些是守成之君最重要的品质，而不是开国者的必备素养。

朱元璋评价张士诚，说他器量小，不能成大事，还是很客观的。当张士诚占据一方之后，他的小农意识就逐渐显露出来，不仅在统治区大肆搜刮人民的钱财，甚至还为了一时的利益投靠了元朝。虽然后来张士诚又恢复了吴的国号，但这种左右摇摆的人，怎能堪当大任？

谷应泰在《明史纪事本末》中这样评价张士诚："乃论者以士诚之失，在深居高拱，上下相蒙，骄将李伯升、吕珍之徒皆龌龊不足数，黄、蔡三参军辈又迂阔昧大计，以故谋主被逸，爪牙受缚。而予以太祖有可乘之敝三，士诚乃内怀逡懦，坐失事机，此其所以亡也。"张士诚的失败，就在于他有了一定的成绩后不思进取，深居庙堂，对外面发生的事一概不管不问，把所有的朝事都交给无能的下属去打理。还没有成为一国之君，就已经有了亡国之君的苗头，这样的张士诚，怎么能赢？

其实，上天不是没给过张士诚机会。他居江南富饶之地，如果利用这千里的沃野，招抚天下的能人，不贪图享受，发愤图强，谁又能说，历史不会因此而变成另一副模样？

只可惜，张士诚放弃了。站稳脚跟后，在他应当谋取更广阔的天下时，张士诚放弃了；当陈友谅约他联合对抗朱元璋时，张士诚放弃了；当朱元璋被陈友谅牵制在鄱阳湖，无法顾及应天，只待他一举出兵时，张士诚再一次放弃了。陈友谅被朱元璋消灭，他张士诚确实是少了一个对手，但唇亡齿寒，没有了陈友谅，他也将直面朱元璋，任他宰割。张士诚败了，败在故步自封，败在没有远见。

当他不忍心亲手杀死自己的妻儿，而是眼睁睁看着他们自我了断时，命运，就已经给了这个人最后的答案——妇人之仁，难成大事。

但张士诚值得被后世记住。被俘后，他依然保持着不屈不挠的精神；面对敌人，他依然有着一份傲视天下的自尊。朱元璋确实打败了他，但却没有征服他——不服，正是张士诚对朱元璋最大也是最后的打击。

## 不能放过方国珍

接着，朱元璋又乘胜消灭了方国珍的势力。

方国珍又叫谷珍，台州黄岩（今浙江黄岩）人，世世代代都以贩盐谋生。至正初，黄岩人蔡乱头起义之后，元发兵追捕，平民也跟着遭殃。至正八年（1348年）春，方国珍被仇家陈氏诬告，方国珍一怒之下杀掉陈氏而被官府追捕，他只好和其兄国璋，弟国瑛、国珉以及其他畏罪潜逃的乡民逃命到海上，聚集数千人谋反，他们不仅打劫漕运粮，还扣留海运官员。元廷江浙行省参知政事朵儿只班去镇压，兵败被俘。方国珍本为报私仇起兵，并无反抗元朝封建统治的意思，因此，被俘获的朵儿只班成了方国珍向元廷伸手要官的一个筹码。当时，方国珍迫其上书朝廷下招降之诏，元顺帝因怕海运受阻，下诏授方国珍庆元定海尉，方氏兄弟也都捞得一官半职。方国珍回到家乡后并未解除他的武装，在乡里称霸一方，元廷与他进行了数次谈判，方国珍凭借自己控制的军队，狮口越张越大。元朝政府一怕影响漕运，二怕他与红巾军相勾结，所以既想安抚他，又想解除他的武装。

至正十年（1350年）十二月，方国珍再次烧掠沿海州郡。至正十一年（1351年）二月，元命江浙行省右丞孛罗帖木儿、浙东道宣慰使都元帅泰不华夹击方国珍，孛罗帖木儿反被方国珍俘获。元廷只得又授官于方国珍兄弟。至正十二年（1352年）三月，方国珍又向元朝挑衅，杀掉泰不华。至正十三年（1353年）方国珍派人悄悄进入京师，贿赂权贵，于是元又授其徽州路治中、授方国璋广德路治中、授方国瑛礁州路治中，但方国珍并未就此结束他在海上烧杀抢掠的活动。

到至正十五年（1355年）以后，方国珍的表现更猖狂。至正十六年（1356年）三月，他又向元朝投降，被封为海道运粮万户兼防御海道运粮万户，其兄方国璋被封为衢州路总管兼防御海道事。次年八月，方国珍又被元朝升任江浙行省参知政事，受命去进攻还没有投降的张士诚。双方在昆山大战，方国珍大胜。恰好这时张士诚向元廷乞降，两个叛徒握手言和。后来方国珍仍旧占据温台庆元等地。虽然有的元官很不服气，但因元廷仍需依靠方国珍，利用他的船只运粮，所以拿他也没有办法。

至正十八年（1358年）底，朱元璋的军队已经东下衢州、婺州，向占据温、台、庆元的方国珍逼近，朱元璋遣蔡元刚至庆元劝说方国珍投降。方国珍与他的部下商量道："如今元朝将亡，豪杰并起，只有朱元璋号令严明，所向无敌，现在他又攻下婺州，恐怕咱们不能与之对抗，不如暂时表示顺从，藉为声援，先静观形势变化再采取其他措施。"至正十九年（1359年）正月，方国珍遣使奉

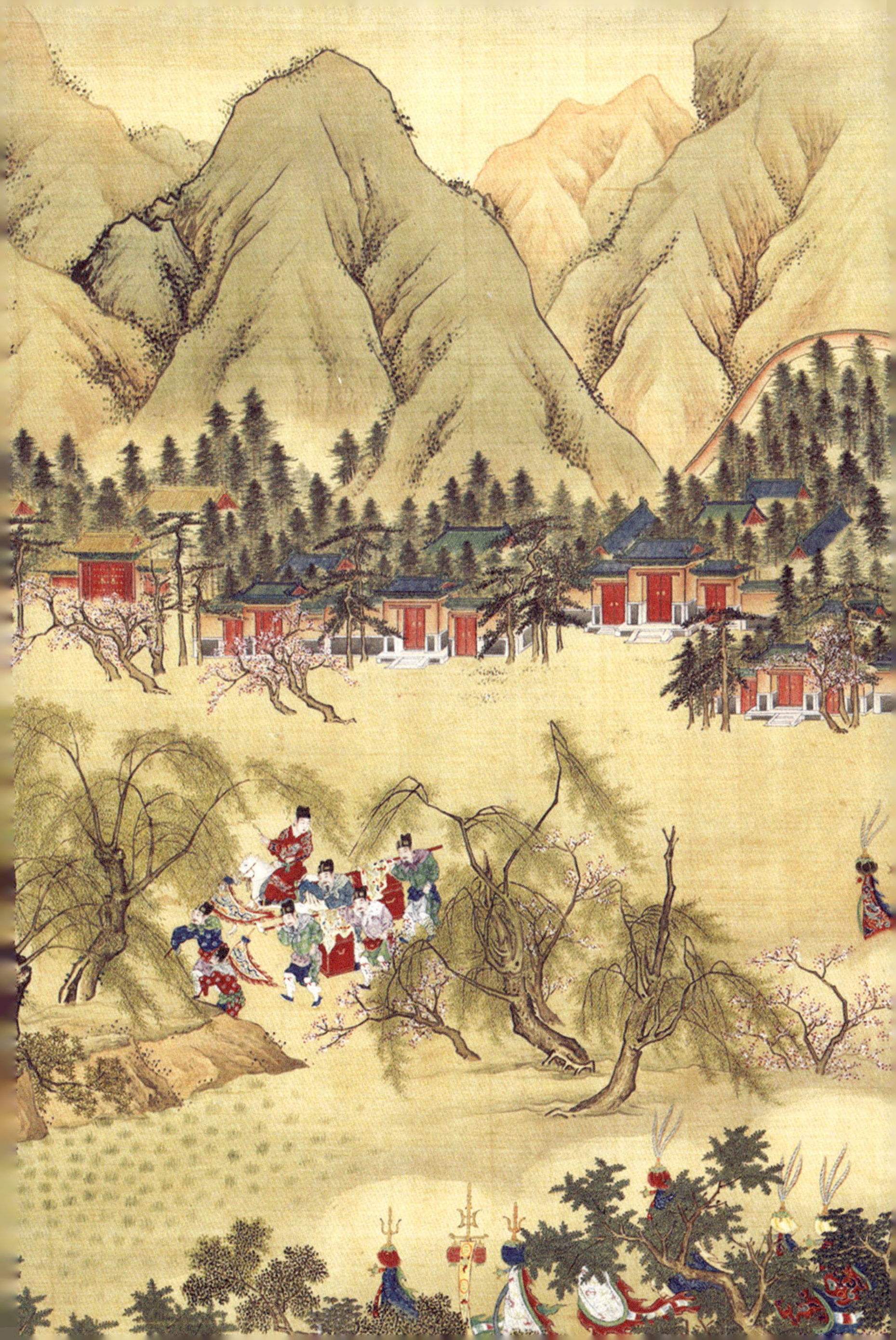

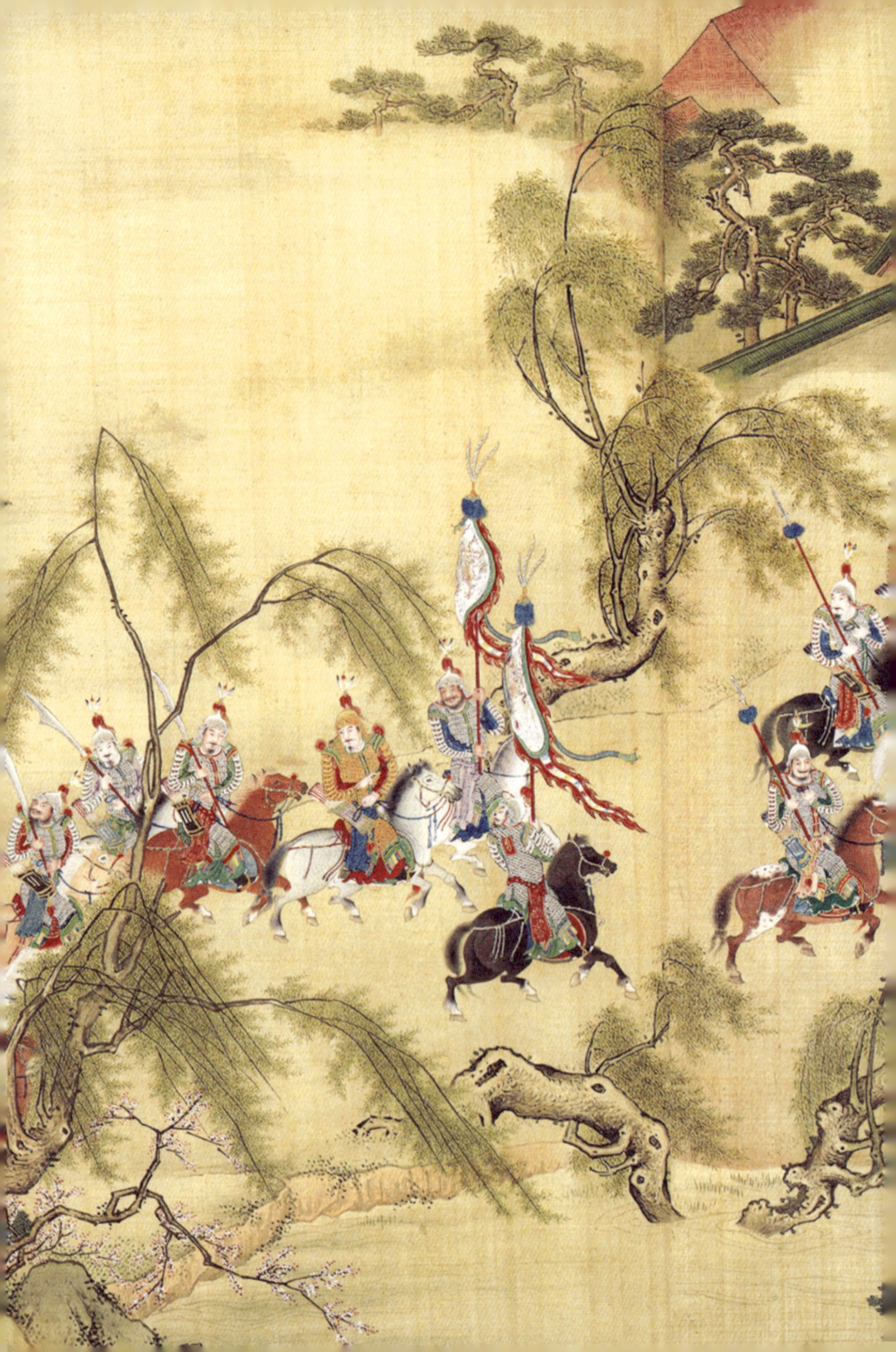

书献给朱元璋黄金五十斤、白银百斤和别的礼品。三月，又以温、台、庆元三郡之地献给朱元璋，并派次子方关作人质。九月，朱元璋授方国珍为福建等处行中书省平章政事、方国璋为行省右丞、方国瑛为行省参政、方国珉为江南行枢密院签院，并令其奉龙凤为正统。但方国珍并无投降诚意，虽说他接受了朱元璋授予的职位，但心怀鬼胎，欲待其成败变化。他找借口不以"龙凤"纪年，暂且以"至正"纪年。

果然，没过多久，方国珍在刘仁本、张本仁等人的怂恿下，接受朱元璋封职仅一个月后，又接受了元廷封他的江浙行省平章政事的官职。并于至正二十年（1360年）开始，到至正二十三年（1363年），方国珍年年安排大批海船运送十余万石粮到元大都，元顺帝非常高兴，封他为江浙行省左丞相，赐爵衢国公。方国珍仍旧横行在庆元、温、台一带，因害怕朱元璋来攻，伪装成"怕惧谢罪，以金宝饰鞍马献"。

至正二十七年（1367年）四月，朱元璋的军队把湖州、杭州等张士诚势力范围攻下之后又围攻平江，此时方国珍自知难保，又耍出了新的诡计。他一方面坐山观虎斗，一方面暗地里北通扩廓帖木儿，南交陈友定。朱元璋给他写信，指出他十二条罪状。七月，朱元璋一边责令方国珍贡粮二十三万石，一边写信威胁他，方国珍惶恐不已，日夜运珍宝，集海船，准备下海逃跑。

这年九月，朱元璋拿下平江，平定张士诚后，遣军分两路进攻方国珍。参政朱亮祖一路攻下台州，方国瑛败逃黄岩；朱亮祖又攻下温州，方国珍侄方明善逃走；朱亮祖分兵取瑞安，在乐清打败方明善，追至楚门海口，征南将军汤和一路先取余姚、上虞，后进攻庆元，方国珍逃入海中，汤和带兵紧追至定海、慈溪等县。十一月，朱元璋又令廖永忠率舟师入海，与汤和合击方国珍。方国珍意欲逃出海面，因遇大风，未遂，于是黔驴技穷，不得不纳款投降。朱元璋终于平定了方国珍这方割据势力。

## 陈友定，你也跑不了

朱元璋在消灭了方国珍的势力后，随即令胡廷瑞为征南将军、何文辉为副将军，领军攻打陈友定。

陈友定，一名有定，字安国，福州福清县（今福建福清）人。徙居清流（今福建清流），出身贫寒。后为富户罗氏之婿，因做买卖赔了本，充当驿卒。至正十二年（1352年），南方红巾军入闽，陈友定在其家乡清流的明溪、曹坊等地，因袭击红巾军有功，被提携做了明溪寨巡检。后汀州府判来募兵，陈友定随元军成功镇压汀州、延平（今福建南平）、建宁、邵武等地起义军，被升至清流县尹。至正十九年（1359年），陈友定派他的手下康泰等取邵武，攻汀州、延平、将乐（今福建将乐）。至正二十一年（1361年），邓克明取汀州后进攻建宁，结果被陈友定打败，又损失了汀州。陈友定因此升任福建行省参知政事。至正二十五年（1365年），元置福建行省分省于延平，以陈友定为平章，驻守闽中八郡。由于当时福建远离北方，同北方交通不畅，陈友定在福建成了土皇帝，专门负责福建军队的钱粮物资供应。当张士诚、方国珍停输海运粮后，陈友定从福建运粮数十万石至大都，得到元顺帝的嘉奖。可见，陈友定对红巾军和朱元璋是要顽抗到底的。至正二十五年（1365年）二月，陈友定向处州进攻，被朱元璋部下胡深打败，朱元璋乘胜遣朱亮祖、胡深、王溥三路追击，在进攻福宁时胡深中伏被陈友定俘杀，平闽计划未能实现。以后，陈友定又占领兴化（今福建莆田）、泉州（今福建泉州）、漳州（今福建漳州）等地。

至正二十七年（1367年），朱元璋军队入杉关，克汀州，取邵武，占长阳，所向披靡，陈友定的部将纷纷投降。十二月，朱元璋又令汤和、廖永忠等率舟师由庆元出发攻打福州。洪武元年（1368年）正月，朱元璋军队占领建宁，围困延平，陈友定服毒自杀，未遂。后俘送应天，不久被杀，其附近各路、州、县相继投降。

朱元璋借助红巾军的势力崛起，他在长时间内也是打着红巾军的旗号进行活动的。至正十八年（1358年）十二月，他亲自率军攻克婺州，并将其更名为宁越府，设置中书分省。他将两面大旗竖立在门前，上书"山河奄有中华地，日月重开大宋天"，提出的口号与韩宋是一致的。然而在其势力日渐扩大的时候，朱元璋并不想推进农民起义的事业，而是一心要称帝为王，建立一个新的王朝。因此，和许多红巾军队伍不同，朱元璋在自己势力所到之处，并非坚决打击地主，而是与其尽量妥协。他的军队纪律

*090*

严明，不事杀掠，这是其成功的重要因素之一。不过，这里面却含有保护地主阶级利益的政治思想。同时，他也优待重用读书人。至正二十年（1360年）三月，他征召了浙东名士刘基、宋濂、章溢、叶深。刘基参与了后来很多大事的决策，例如先图陈氏，后取张氏，首先明确提出北伐方略的人就是刘基。宋濂以文学奉侍朱元璋，为朱元璋起草了许多文书。这些儒生名士为朱元璋建立"帝王之业"发挥了很大作用。"宫莺去尽野鸡栖，憔悴江南谁是主？"江淮一带地主阶级虽害怕红巾军，但又觉得已经不能依靠元朝，希望出现一个维护他们利益的新的帝王。于是朱元璋因势而起，成为地主阶级的新代表。

朱元璋的蜕变在他的一系列政治军事行动中都有所体现。在占领集庆后不久朱元璋便弃红旗而改用黄旗。他在与陈友谅、张士诚的征战过程中，同元将察罕帖木儿、扩廓帖木儿之间没有中断书信往来。打败陈友谅后，至正二十四年（1364年）正月，他自称吴王，立长子朱标为世子，设立百官，这是朱元璋政权性质发生变化的标志。至正二十六年（1366年）八月，他在声讨张士诚的《平周榜》中已用地主阶级的口吻诬蔑红巾军起义是"妖言既行，凶谋遂逞，焚荡城郭，杀戮士夫，荼毒生灵"。而他自己则是"灼见妖言不能成事，又度胡运难与立功"，因此才出面收拾这各自为政的局势。这年十二月，朱元璋派廖永忠去滁州迎接韩林儿，路上，将其淹死在了瓜步（今江苏六合东南），宣告了红巾军韩宋政权的灭亡。

朱元璋在江南不断攻地的同时，始终注视着北方元廷的情况。在与张士诚的战争还没有结束时，至正二十七年（1367年）正月，他便以扩廓帖木儿拘留自己的使者为借口，发出了北伐的警告。此后，双方在徐州一带小有冲突，他看出元廷上疑下叛，将帅嫌隙，元朝灭亡时日已到，遂在这年十月率部北伐。

# 第五章
## 这是最后的斗争

# 我的地盘听我的

每个人的心中都有统治欲,只不过并非所有人都坐得起统治者的位置:在处于被统治的地位时,人们心中的统治欲会被压抑,转而释放在其他事情上;然而一旦统治者没有能力让众人顺服下去,那么,有些人的统治欲望就会慢慢膨胀,从而引发新一轮的天下争夺战。就是在这样的循环中,历史轮回前进着。朱元璋的统治欲望在渐渐膨胀,一场争夺战即将开始。

中国古代的兵法博大精深,其中最广为人知的就是三十六计了。一句"三十六计走为上"不知成了古今多少人逃跑的借口。朱元璋虽然没念过多少书,却知道要想在战争中存活并夺得胜利,熟悉三十六计是最起码的要求。在与元朝直接对抗之前,一招"假痴不癫"让朱元璋风生水起。

所谓"假痴不癫",就是指自己的实力其实已经很强大了,但在时机未到之前,仍然故意装出软弱可欺的样子,不露锋芒,不动声色,给敌人以弱不禁风的假象,麻痹敌人,最终在最关键的时候给敌人以致命的一击。

在彻底消灭掉张士诚之前,朱元璋做得最英明的一件事就是没有像陈友谅和张士诚那样早早自立为王。虽然这里面可能有傀儡君主韩林儿的掣肘,但谋士的一句"高筑墙,广积粮,缓称王"才是朱元璋隐忍的真正原因。

在自己的实力强大到可以驾驭天下之前,朱元璋还不想过早引起元朝的注意,他需要时间来扩充自己的势力范围,需要时间来武装自己的军队,需要时间来扫平前进道路上的障碍。因此,放缓称王的脚步,也就是加快夺取天下的进程。

朱元璋这个人与其他起义军领导者最大的不同,就在于朱的内心十分沉郁,城府极深,且有强大的忍耐力。取得巨大成功后,他没有急于享受帝王生活,而是继续冷静地分析时局。单凭这一点,就足以让陈友谅和张士诚汗颜。

不过,忍耐也是有限度的。当糜烂的元朝已经对朱元璋构不成任何威胁时,朱元璋终于建立了自己的政权——西吴。在朱元璋结果掉张士诚后,元朝,这个最后的对手,终于站上了政权争夺的擂台上。

当时的朱元璋占据了江南大片的富庶地区,但中国北方广袤的疆土仍属元朝统治。作为马背上的民族,元朝的军队最擅长的就是马上作战。朱元璋虽然也有骑兵,但业余的总比不过人家专业的,更何况要想在一望无际的平原上与蒙古骑兵对决,胜算微乎其微。这也就罢了,问题是朱元璋还顶着巨大的精神压力。

虽然元朝已经腐朽不堪,人民怨声载道,但不管怎样,元朝毕竟是正统的统治者，朱元璋不过是揭竿而起的暴民，是草寇。如果和元朝作战，胜了还好，一旦败了，就如同坠入无尽的深渊，无一丝生机可言；而史书对他的记载，也只会是"某年某月，元政府平定某地农民起义，起义军首领朱元璋，战死"。这不是他想要的结果，所以，从今以后的每一次战役，都只能胜利，不许失败。

至正二十七年（1367年）十月，朱元璋派手下大将徐达、常遇春率大军北取中原。临行前，朱元璋召集二人，给他们分析当下的局势，并询问二人的军事安排。常遇春的计划是："今南方已定，兵力有余，直捣元都，以我百战之师，敌彼久逸之卒，可挺竿而胜也。都城既克，乘胜长驱，余皆建瓴而下矣。"（《明史纪事本末》）

和元朝的部队相比，朱元璋的部队确实是经历过战火洗礼的百战之师，因此，常遇春认为，完全可以毕其功于一役，直接攻下元大都之后，其他的省郡就更是不在话下了。而此时朱元璋再一次发挥了他天才般的军事才能，他说："元建都百年，城守必固。若如卿言，悬师深入，顿于坚城之下，馈饷不继，援兵四集，非我利也。吾欲先取山东，撤其屏蔽；旋师河南，断其羽翼；拔潼关而守之，据其户槛。天下形势，入我掌握。然后进兵元都，则彼势孤援绝，不战可克。既克其都，鼓行而西，云中、九原以及关、陇，可席卷而下。"

朱元璋很清楚，虽然元朝已经没有多少寿命可言，但毕竟曾凭借暴力征服了这片土地，所以战斗力依旧不可小觑。并且，元朝建立已有百年，城池的坚固必定超乎想象。如果直接攻打元大都，一旦不能及时破城，西吴军队极可能陷入缺少粮草、四面受困的境地。因此，朱元璋决定，先进攻山东，攻破这一元都的屏蔽，然后再一点一点吞掉它周围的城市,直到元都成为一座孤岛,再一举拿下。

事实证明,朱元璋是对的。

在大军出发前,朱元璋给所有的士兵制定了严格的纪律,要求他们破城之后"勿妄杀人,勿夺民财,勿毁民居,勿废农具,勿杀耕牛,勿掠人子女。或有遗弃孤幼在营,父母亲戚来求者,即还之"(《明史纪事本末》)。他还写了一封檄文发给齐、鲁、河、洛、燕、蓟、秦、晋等地的人民,历数了元朝的暴虐,然后表示自己起兵是不忍看生灵涂炭,不得已而为之。宣传工作做得极其到位。

当时镇守山东的是一对父子,父亲王宣,儿子王信。这对父子实在是一对反复无常的家伙,让人哭笑不得。

当徐达的大军到达淮安时,曾派人前去劝降王宣父子。王宣在拿到劝降书后,当即派人给徐达的军队送去钱款,表明自己的心意。朱元璋一看这个人这么识时务,就派徐唐臣等人,到沂州去给王宣授官,不但封王宣做江淮平章政事,还让他带兵跟随徐达。结果王宣父子阳奉阴违,一边派人到徐达军中犒军,一边又秘密募兵,想趁夜杀掉徐唐臣,不想徐唐臣逃脱。回到徐达军队的徐唐臣,向徐达说明了情况,徐达立刻起兵攻打沂州,结果一招水淹七军就让王宣措手不及,只得再次开门投降。徐达让王宣写信劝说儿子王信投降,而王信不从,杀掉使者后逃亡山西。

王宣虽然投降了,但这次,徐达做了一件老搭档常遇春爱干的事,杀降。王宣的反复彻底激怒了温文的徐达,自作聪明就得自作自受。

其实,"身在曹营心在汉"是很多忠心于某一政权的人在强大的敌人面前经常采取的措施。只不过,像王宣这样的墙头草,一看形势不对就把投降作为救命稻草的人,实在看不出他能忠心于谁。

徐达攻下沂州后,接到了朱元璋的谕旨。朱元璋说,如果打算攻打益都,那么就要派精兵守住黄河,断绝援兵的来路;如果益都攻打不成,就转战济宁、济南二城,这两座城池在手,山东就大势已去,得之如探囊取物般容易。

于是,徐达命令手下先是夺取了榆行、梁城等镇寨,然后又按照朱元璋的指示派人遏制取道黄河的援兵。当准备工作完成后,徐达率人攻打益都。守将普颜不花奋力抵抗,直到最后的一兵一卒战死。城破时,普颜不花对母亲说:"儿不能两全忠孝矣。"徐达听说后,派人前来劝降,希望可以收服这一员猛将。普颜不花不从,与部下俱与城死,他的妻子也和孩子一并随他而去。

而后的战役实在是没有什么可写的了,徐达大军所到之处,几乎还没等扎寨,对手就主动举了白旗。一路下来,几乎再无战火,徐达只消带着军队接收城池。

虽然徐达十分轻松地攻取山东,但朱元璋还是不甚放心。他给徐达写信,说道:"闻大军下山东,所过郡县,元之省院官降者甚多,二将军皆留于军中。吾虑其杂处,或昼遇敌,或夜遇盗,将变生不测,非我之利。盖此辈初绌于势力,未必尽得其心,不如遣之使来,处我宦属之间,日相亲近,然后用之,方可无患。若济宁、东平诸来归将士家属亦发遣来,将厚待之。"(《明史纪事本末》)

这意思是说,虽然元朝的守将们都降了,但始终不是我们的人。万一有了二心,内外勾结,恐怕对我们不利。徐达你就不要带这么多降将了,把他们都送到我这来吧,我会厚待他们,也许还能笼络他们,日后为我所用。

于是,就在"和平演变"中,山东成了朱元璋的地盘。

山东没了,元都失去了最直接的一道屏障。元朝的统治者似乎到现在才明白,这个他们昔日根本不放在眼里的朱元璋,这个曾经派使者前来示好的朱元璋,并不是一个战争贩子,他的目的不是靠战争谋取蝇头小利,更不是想过几天土皇帝的日子。他的目光,一直都聚焦在朝廷身上,只不过,这种目光最初若有似无,并没有引起他们的注意。

但慢慢地,朱元璋眼睛里的火光越烧越烈,直到成为熊熊的烈火,就要烧掉朝廷,烧掉一切。然而,一切都完了,即使元朝的统治者知道了朱元璋到底要什么,他们也依然束手无策——因为他们明白,他要的不是他们能给的。

# 放牛娃的春天

山东被攻下后,朱元璋便胜利在望了。随后他领军攻下开封,平定河南,同时又攻克潼关,横扫元朝之军。元朝的统治者倒行逆施,长达九十九年的统治终将被历史遗弃。而朱元璋凭借他过人的军事才华和出众的领导才能,成为历史选中的幸运儿:他将拥有所有他想得到的。

元至正二十八年(1368年)正月初四,朱元璋称帝,定应天为国都,年号洪武,国号大明。

其实,王侯之家,钟鸣鼎食,是古今多少人梦寐以求的生活。为了获得这样尊贵的地位,有多少人举起了屠刀,泯灭了良知;又有多少人失去了家园,付出了生命。但"君驭天下"就好像是一个永远也破解不了的魔咒,让人们失去了理智,前赴后继,无怨无悔。

朱元璋亦是如此。为了这至高无上的地位,他一路披荆斩棘,终于从当年的放牛娃,成为如今君临天下的帝王。人生,真的是不可预知的。

所有的非世袭君王，也就是一般所说的起义军首领或是篡权夺位的叛臣，其即位之事一定不是由本人主动提出的。就算所有人都能看出来他想当皇帝的心情有多迫切，也不能由本人亲自捅破这层窗户纸。不仅如此，此事还要遮着盖着，不许任何人提称王的事，仿佛这一片江山打下来，不是为了统治，而完全是为了好玩，过把瘾就扔在一边。

这种情况，史书上见得多了。能在君主手下当差的人，多少都有些本事，于是，这个时候，大臣的作用就要得到淋漓尽致的发挥。想想当年赵匡胤陈桥兵变，黄袍加身，到头来还怪罪手下，说是因为这些人贪图富贵，所以才把自己推上帝位。活脱脱得了便宜还卖乖，可这个时候谁也不敢说一个"不"啊。因此，赵匡胤就在"万般无奈"的情况下，"委屈"地当了皇上。

就算轮到朱元璋头上，事情也不例外。朱元璋一再表示自己没有统治天下的欲望，不要再提即位的事了。而朱手下以李善长为首的一班臣子，当然不能同意主上如此没有雄心壮志，因此他们不停上书劝谏，恳求朱元璋以大局为重，一定要登上皇位。朱元璋自然要推脱一番；臣子们不干，就再上书；还不答应，那就再上折子，直到朱元璋答应为止。为什么前两次都不答应，非得等到第三次才同意呢？其实，朱元璋早就想当皇帝了，但又不好自己提出来。终于臣子提了，可要是第一次上书就欣然答应，又显得朱元璋太过急躁。所谓"事不过三"，都请第三次了，再不答应就有点说不过去了。

不要以为这些都是小说家的杜撰，朱元璋和臣子的这点互动，都在史书上记着。"癸丑,中书省左相国李善长率文武群臣劝进,太祖辞。固请,不许。明日复请,许之。"(《明史纪事本末》)今日不同意,明日就答应了,思想斗争未免也持续得太短暂了——无非是司马昭之心,路人皆知,大家给朱元璋个台阶下罢了。

朱元璋即位后的第一件事,就是把他们家祖宗四代都封了个遍。"追尊高祖考曰玄皇帝,庙号德祖,曾祖考曰恒皇帝,庙号懿祖;祖考曰裕皇帝,庙号熙祖,皇考曰淳皇帝,庙号仁祖,妣皆皇后。"(《明史》)一个人当了皇帝还不行,祖上也得是皇帝才行,这样,这个皇帝才算有迹可循,才算名正言顺。

当朱元璋在南郊祭祀祖先时,青烟袅袅中的他,不知会作何感想。乱世出英雄,朱元璋生在这样一个乱世,是他的不幸,也是他的大幸。有的人,在被人压迫时会选择忍耐,把身体低入到尘埃中去,只求苟活于世;而有的人,会在无路可退时索性对峙,反戈一击,争取做人的权利。至于朱元璋,当他的双亲无处安葬时,当他流落街头却讨不到一点食物时,他只乞求平静安稳的生活。只不过,当他开始了自己的权力斗争时,历史,指引着他越走越远,直到走向人生的巅峰。

朱元璋比起张士诚之流的最大优势就在于,朱得到天下后,依然能够保持一颗奋斗的心,并将勤勉发挥到了极致。他在即位之初,并没有急着享受帝王的生活;不仅如此,他还让百官不要叨扰百姓,给百姓以休养生息的时间。当时,下属州县的官吏前来朝拜,朱元璋对他们说:"天下初定,百姓财力俱困,譬犹初飞之鸟,不可拔其羽,新植之木,不可摇其根,要在赡养生息之而已。惟廉者能约己而利人，贪者必朘人而厚己。有才敏者或尼于私，善柔者或昧于欲，此皆不廉致之也。尔等当深戒之！"

很多开国的贤明君主都懂得这个道理：在经历了连年的战火后，百姓最需要的就是平静的生活，他们不在乎谁主天下，只希望这个君主能比上一个仁慈一点，宽松一点，给他们一条活路。只要没有官吏的欺压，即使生活再清贫，他们也能安静地活下去。所以，无论是唐太宗，还是朱元璋，他们都实行了休养生息政策。因为只有这样，国家才能在易主的动荡中尽快恢复过来，并顺利地走上正轨。

即位之后还有一件大事就是论功行赏，这也是所有跟随朱元璋经历过战火的人最期盼的时刻。这其实并不功利，用生命换回的奖赏，是最应该得到尊重的。

朱元璋没有辜负他的追随者。《明史》记载，朱元璋"以李善长、徐达为左、右丞相，诸功臣进爵有差"。并且，在立朱标为太子后，将很多近臣加封东宫官爵，以求他们能像辅佐自己一样，辅佐自己的儿子。

一开始，朱元璋还想封官给一些外戚，即马皇后的亲属；只不过，遭到了马皇后的婉拒："国家官爵，当用贤能。妾家亲属，未必有可用之才。且闻前世外戚家，多骄淫不守法度，每致覆败。陛下加恩妾族，厚其赐予，使得保守足矣。若非才而官之，恃宠致败，非妾所愿也。"(《明史纪事本末》) 外戚专权，自古就是所有为帝王者应当极力避免的事情，但很多开国之君，因为在征战过程中受到了来自妻家的帮助才会封官外戚；然而这也给日后的外戚专权留下了隐患。历史上此类事件虽屡屡发生，却依然成为很多君主躲避不及的雷区。

好在朱元璋有一个贤明的皇后。她说，朱元璋赐给自己的亲人足够安享富贵的财富即可，如果有人恃宠而骄，必会成为国家的隐患，这是她不愿意看到的。马皇后，当初在硝烟中看中了朱元璋，后来陪伴他走过了从无名小卒到君临天下的征程。而现在，在本应享受荣华的时刻，她却依然保持着清醒。

这样看来，她对自己的亲人有些无情；但谁能明白，这其实是最大的恩情。政治斗争历来是最残酷血腥的，处于斗争旋涡的马皇后自然明白其中的利害。让自己的亲人远离宫斗，实在是她能为家族争得的最大的赏赐；同时，她又为自己的丈夫免去了外戚专权的隐忧。这个女人，不简单。

开国后的朱元璋，一面"无为而治"，一面广招贤能，一边制定各种律法，一边又设办学校，忙得不亦乐乎。作为一个过过苦日子的人，朱元璋明白百姓要的是什么，他也知道，如果自己不能使天下太平，不能使人民安居乐业，那么，就会有无数个李元璋、王元璋站起来反他。他不容许自己打来的天下，自己却守不住。所以他一直在努力，也一直很勤政。朱元璋的勤奋，在中国历史上的皇帝当中实属少见，甚至勤奋得有点过头。无论大小事务，他必定亲自过问，每天审阅奏折不计其数，睡眠时间少得可怜，真正是日理万机。而令人不敢相信的是，他居然把这种作风一直保持到驾崩之前。这样的勤政，算得上是帝王中的表率了。

只可惜，他的勤政，并没有作为基因遗传给他的子孙。除了朱棣，明朝就几乎看不到像朱元璋一样勤政的皇帝了。当然，这是后话。

此时的朱元璋，坐在龙椅上，手中的御笔批点着面前的奏折。这个国家需要他的支配才能运行，这是皇帝的权力，更是皇帝的责任。朱元璋曾经吃过那么多的苦，而现在，一个国家的重担压在他肩上。这种辛苦，是世间所有的苦难都比不上的；但这种苦难，在世人眼中，却是梦寐以求的荣耀。人，实在是矛盾的结合体。

虽然朱元璋已经建立了自己的国家，但在元大都，那个曾经的政权还没有完全土崩瓦解。在它彻底消失之前，朱元璋还有很长的路要走。

## 占领元都，回家吃饭

当朱元璋在南边的应天即位登基，开始建立他的大明朝时，身处元大都的元朝皇帝妥懽帖睦尔还在他的皇宫里享受着富贵的生活。他不知，危机已经近在咫尺。

朱元璋虽然已经完成了自己做皇帝的心愿，然而这个皇帝能不能做长久，还是个未知数。当初的陈友谅、张士诚，也都做过皇帝，可还不是瞬间就一无所有、灰飞烟灭了？这是个"我不犯人，人也犯我"的时代，更何况，当初轰轰烈烈的农民起义，现在只剩下朱元璋这一棵独苗了。如果说曾经的元统治者还不把朱元璋放在眼里，那现在，广袤的大地上已经再无他人，元朝皇帝想不看朱元璋都不行。

朱元璋既然已经到了这一步，要么风光一阵就被元兵毁了自己的老窝，要么就把元兵赶尽杀绝，不留后患。总之，不拼个你死我活，谁都没有安生日子过。很明显，如果不能为天下的主，而是甘愿偏安一隅，早晚有一天，朱元璋会像曾经的无数个农民起义军首领一样，死无葬身之地。于是，朱元璋将元大都定为下一个目标。

在着手攻打大都之前，朱元璋曾和徐达等人商讨过进军计划。徐达的想法是："臣自平齐、鲁，下河、洛，王保保逡巡太原，观望不进。今潼关又为我有，张良弼、李思齐失势西窜，元之声援已绝。臣等乘势搏其孤城，必克无疑。"（《明史纪事本末》）

应该说，自从拿下山东后，局势对朱元璋极其有利。然而朱元璋并没有因此而失去判断力。对于徐达的看法，朱元璋提出了自己的建议："卿言固是。然北土平旷，利骑战，不可无备。宜选裨将提兵为先锋，将军督水陆之师继其后，下山东之粟以给馈饷，由秦趋赵，转临清而北，直捣元都。彼外援不及，内自惊溃，可不战而下。"（《明史纪事本末》）徐达的说法固然可行，但朱元璋看到了自身的不足，那就是南方的士兵，是永远也不可能在广袤的北方平原上和马背上长大的民族以骑战抗衡的。因此，必须制订周密的进军计划，以山东为粮草支援，取道临清，而后直捣元都，打他个措手不及。

徐达依照朱元璋的指示，分别派军队荡平通往元都的道路，果然顺利地平定了潼关以东的广大地区。而后，朱元璋命手下诸将从各个战区撤回，集中兵力攻打元都。

临行前，朱元璋给进军部队一道旨意，大概意思是说，你们跟随我，吃尽了苦头，这不是我所希望看到的，但这都是为了黎民苍生。现在百姓生活于水深火热之中，我们必须马上去救他们。元朝自从入主中原，无视黎民疾苦，倒行逆施，所以他们遭到了上天的唾弃。如今，我们即将拿下元都，但百姓是无辜的，因此，所有入城的将士，不得烧杀掳掠，侵扰百姓，如有违者，定罚不赦。

虽然这一道旨意有给自己制造舆论、鼓舞士气的成分，但在即将到手的胜利面前，朱元璋依然牵挂黎民百姓，依然记得真正的胜利从来不是夺取空城，而是人心。单凭这一点，他就足以取代元朝的皇帝。

史料上有一条很有趣的记载，说当徐达与诸将之师会于东昌时，"元大都红雾及黑风起"。很难想象，这是怎样的天气状况。黑风可以理解为暗无天日的狂风，然而何为"红雾"？恐怕，这真的是天要亡元了。

而后的过程实在是乏善可陈，徐达大军所到之处，不是守将弃城而逃，就是率军来降。这仗，打得一点儿悬念都没有，顺利得有些无趣。

当徐达大军到达通州时，所有人都想马上攻打通州。这时，指挥使郭英发表了不同的意见。他认为，大军远道而来，已很疲惫，而敌军则是固守城池，以逸待劳；如果贸然进攻，很有可能一举不下，到时士气受挫，会对以后的进攻产生不利影响。因此，他建议大军驻扎下来，调整状态，并等候最佳的进攻时机。

有时候，历史总是爱和人开玩笑，元朝已经到了悬崖边上，命运就再推了它一把。上天给了郭英一次机会，也就是他所说的最佳时机——天降大雾。

郭英派人在道旁埋伏，然后自己率领三千精锐直抵城下。守将奋力抵抗，郭英佯装败走，引敌人进入了伏击圈。结果，元军大败，守将卜颜帖木儿被擒。

当明军进入通州这个消息传入元都时，吓坏了元主妥懽帖睦尔。但他的反应实在是让人啼笑皆非。当他得知明军即将到来，第一个念头竟然不是如何组织军队进行抵抗，而是把所有的后妃皇子集合起来，商量如何逃跑。到了早上，见到朝臣，他又向臣子们感叹，说今天难道要做宋徽宗、宋钦宗吗？妥懽帖睦尔已经打定主意要北逃。

臣子们一看皇帝要跑，自然是极力劝阻。怎奈皇帝不听，留下几个人看守京城，就带着老婆孩子连夜从建德门跑了，一路跑到了元上都。

其实说起来，如果元帝能够充分发挥自己骑兵的优势，也许还能抵挡明军一阵；如果元帝当初能够发现隐藏于草莽之中的朱元璋，或许就能把这一隐患扼杀在摇篮里。可惜，历史不能倒退。

元帝放弃了首都，也就意味着放弃了国家的统治权。假如他能够和京城共生死，或许史书上会对他有所褒扬。不过，在他看来，能够活下去要比留名青史来得实在。

洪武元年（1368年）八月二日，这是一个应该被历史记住的日子。这一天，当徐达的大军从齐化门进入元都城时，这片中原政权失去统治长达四百年的广袤土地终于收归所有。从此，中原再也不是赤裸裸地面对来自草原沙漠的铁蹄了，这片土地，将成为最坚固的屏障，保护着所有的新兴政权。

朱元璋占领元都后的第一件事，就是收拾了一批元朝的官吏。"执其监门宗室淮王帖木儿不花及太尉中书左丞相庆童，平章迭儿必失朴赛不花，右丞相张康伯，御史中丞满川等，戮之。"（《明史纪事本末》）虽说朱元璋已经下令不能大开杀戒，但被元朝欺负了这么久，总该找些人来出出气。至于这些人到底犯了什么罪，总会有人出来解释的。

尔后，徐达下令，命人广告于民，要求所有的原元朝官吏一律到官府去通报，把户籍改为民籍。按理说，元朝大势已去，识时务者就应该马上采取行动。本来元朝就是一个少数民族建立的政权，汉人虽被统治，但心中终究不服，因此，也就没有什么背信弃义之说。不过，还是有人忠于这个濒临灭亡的政权，甚至不惜以死相报。

"元翰林待制黄殷仕欲投井，为其仆所守，乃绐仆曰：'吾甚愧，何从得酒？醉而出见可也。'其仆喜，入市取酒，殷仕遂投井死。左丞丁敬可、总管郭允中皆死之。"（《明史纪事本末》）史书上并没有说这几个人到底受过元朝何等恩惠，以至于要为其殉节。不过，无论哪朝哪代，总是有一些人会为了自己所尽职的朝廷守节。说他们愚忠也好，说他们迟钝也罢，但他们的心中，总是有一股力量——尽管这种力量在今天看来是逆历史潮流而动的——以当时的情况看，他们确实认为自己是为了国家而死。所以，这样的殉国无可厚非，依然值得人尊敬。

朱元璋终于拿下了他梦寐以求的元都。从此，他不再是草莽流寇，不再是乱臣贼子。从此，他可以名正言顺地统治这片土地，统治他的天下。

明朝是中国古代史上最后一个汉族政权，它的存在，结束了广大中原地区的人民被欺压、被侮辱的时代。虽然建立元朝的民族是一个勇敢的民族，虽然在这个民族手里，中国的国土达到了前所未有的广袤。但是，这是一个只知打天下而不知治天下的民族。在夺权后，元朝廷采取的并不是民族融合政策，而是把人分成了三六九等，把远比自己先进的汉人置于最底层，并始终采取不平等而暴力的手段统治他们。这样的政权，从一开始就不会有人心甘情愿地臣服。元是一个没有根基的朝代，它的灭亡，并不出乎意料。

后来的少数民族政权吸取了元的教训，以至于后来一个由游牧民族建立且基础稳固的政权——清朝，最终出现。

朱元璋占领元都，从名义上，元朝就已经不复存在了。但百足之虫，死而不僵。元朝尚有一个厉害的人物没有出场，而与此人的对决，就是朱元璋在此后很长一段时间里的主要任务。

## 王保保，你不是一个人在战斗

当朱元璋攻下元都时，他没有看到预想中野蛮残暴的马上男儿，只看见了元主闻风而逃的背影。虽然顺利攻下都城是件让人欣慰的事，可朱元璋还是有些郁闷；毕竟，对手太过软弱，竞争就没有任何挑战可言。

但是，有一个人不会让朱元璋失望。他的存在，将燃起所有人的斗志，让一幕幕热血沸腾的厮杀再现天地之间。

这个人就是王保保，元朝最后的希望。

此时的元主，也就是元顺帝，被明军逼得只能躲在上都，也就是今天的内蒙古自治区锡林郭勒盟正蓝旗境内。做过皇帝的人自然忍受不了天天被风吹、被日晒的生活，回想起曾经的宫廷享乐，元顺帝心里特别不舒服。他恨不得马上就回到元都；而此时，他身边还能用的就只剩下王保保了。于是，他把兵权和所有的希望都一并交给了王保保。

王保保得到了梦寐已久的兵权，自然会竭尽全力，挽救朝廷于危难的机会不是什么人都能得到的。如果成功，元朝光复，他王保保也将会永载史册。而朱元璋这边当然也不会让元顺帝过得太舒服，他命令徐达、常遇春等人率大军进攻山西，一举歼灭王保保。

王保保的计划是，率兵从雁门关出，由保安州经居庸关，然后直攻大都。但他太轻率了，几乎率领所有的军队离开太原，没给自己留一点退路。当得知王保保的计划时，徐达敏锐地嗅出太原城空虚的味道，遂率领大军直奔太原。他对诸将说："王保保率师远出，太原必虚。北平孙都督总六卫之师，足以镇御。我与汝等乘其不备，直抵太原，倾其巢穴，彼进不得战，退无所依，此兵法所谓批亢捣虚也。若彼还军救太原，则已为我牵制，进退失利，必成擒矣。"（《明史纪事本末》）徐达之意即为，北平城已有重兵把守，王保保此行不会有多大的收获；但太原就不同了，元朝已经失势，一座城池对他们的重要性远高于我军，如果失去太原，他们将失去进攻的依托，陷入进退两难的境地；而如果他们选择撤军回援，那时候，主动权早已掌握在我们手里，他们就只有任我宰割的份儿了。

徐达是对的，但他却低估了王保保所率军队的速度。那是骑兵啊，是血统纯正的骑兵，是把"马上作战"深深烙进骨髓的天生的骑兵。因此，王保保虽然仓皇回撤，但他回撤的速度太快了，以至于当元军到达太原时，徐达的进攻部队竟然没有到齐，仅有一小部分先头部队到达战场。

真正的步兵大军还没到，这仗，怎么打？

徐达并没有惊慌，他让部队先驻扎下来，等待援兵的到来，随后充分利用这段时间进行谋划。

史书记载:"指挥使郭英凭高望之,谓常遇春曰:'彼兵多而不整,营大而无备,请夜劫之。'遇春然其计,与徐达谋曰:'我骑兵虽集,而步兵未至,何以能战?莫若遣精骑夜劫其营,其众可乱。众乱,主将可缚也。'"不得不说,常遇春不仅是一员猛将,还是一个拥有高超的军事素养与战略眼光的大将。他意识到此时的局面对自己不利,如果贸然开战,势必会被骑术精湛的蒙古骑兵打得毫无招架之力;而如果集结精锐,夜袭敌营,出其不意,攻其不备,打乱敌军的作战计划,也许,尚可趁乱夺取先机。

很多时候,在面对不利于己的情况时,人的确容易惊慌失措,以至于失去了最起码的判断。因此,不是所有人都能经受住战场的考验,也不是所有人都能立下彪炳史册的不朽功绩。只有那些既有"一夫当关,万夫莫开"之勇,又有"谈笑风生,运筹于千里之外"之智,并且能够不急不躁,随时保持一颗冷静之心的人,才有名垂千古的资格。朱元璋是幸运的,因为他同时拥有很多这样的人才,而徐达和常遇春,正是其中的佼佼者。

天佑大明,就在徐达苦苦思索如何应对勇猛的蒙古骑兵时,守卫太原的元军豁鼻马派人前来,表示愿意投降,并且可以为徐达军做内应——看,叛徒哪朝哪代都有。

这样一来,徐达算是彻底放心了。拿下太原城,不费一兵一卒;现在,只要全力对付王保保就行了。而王保保永远也不会想到,自己的骑兵大军还没来得及发威,就会被消灭得一干二净。

徐达的作战计划很简单,却很有用。"先遣五十骑伏城东十里,以举火鸣炮为期。至夜,郭英率十余骑潜入其营,举火鸣炮,伏兵应之,遇春等兵大至,鼓噪相接。"(《明史纪事本末》)无论是偷袭还是埋伏,最重要的一点就是不能让敌军知道你的意图;因此,徐达的大军不能离王保保的驻地过近——毕竟,蒙古军队也是有侦察兵的。照此推测,徐达应该是采取了类似"人肉"烽火台的方法,即埋伏少量士兵在半路,当元军军营发出进攻信号时,伏兵立刻把信号发回至徐达手中,借此传递情报。

而事实证明这一招是很有效的。当指挥使郭英率领着不到十余骑骑兵潜入敌营时,进攻命令随即下达,又很快被传递,常遇春的援兵几乎是瞬息到达。一时间,整个元军军营,鼓声震天。

元军被突如其来的明军吓傻了:这帮人是从哪冒出来的?就算是突袭,他们也太快了吧!可是,明军并没有给元军反应的时间,更不可能解释什么。手起刀落,鲜血就是唯一的答案。劈头盖脸的绞杀惊醒了元军士兵,他们迅速采取了行动:你推我搡,四散而逃。

也许,王保保也是被上天眷顾的人。当明军打来时,王保保并没有就寝,而是正好在帐篷里看书,左右有两个小童服侍。

王保保虽躲过了在睡梦中被砍死的厄运,但他的情况也好不到哪去:旁边几乎没有卫士,两个童子也早吓得不知跑到哪儿去了。而王保保呢,他去穿鞋,仓皇之中竟然没有穿上,最后光着一只脚就跑出去了。不过,他是从帐篷后面跑出去的——他跑出去干什么?令人遗憾的是,在这个危难关头,王保保并没有展现一个将领应有的素质,他非但没有组织军队进行反抗,反而找了一匹马,带着十八个卫士,逃跑了。

混乱之中，十万大军的主帅都找不到了，怎么组织有效反抗？溃不成军的元军只好缴械投降。

王保保号称元朝名将，可居然在紧急关头弃十万大军于不顾，只管自己逃命！人都说"千军易得，一将难求"，这句话的意思是，一个好将领，其统帅的大军战斗力抵得上千万军队，绝对不是断章取义的"为了将领可以白白牺牲数千兵将"。

这一仗，徐达大胜，共缴获战马四万余匹，击溃敌人多达四万；王保保则狼狈地逃往大同。然而逃跑的王保保也不得安生，常遇春秉承了"斩草除根"的一贯作风，一直追到忻州，把王保保逼得只好遁走甘肃。

徐达和常遇春，再一次用行动证明了自己无愧于名将的称号。

可叹王保保，手中空有十万大军，竟在一夜之间被实力不如自己的明军打了个落花流水，甚至毫无抵御之意。其实，他并不是没有取胜的可能：如果他能充分利用自己的优势，赶在徐达援军未到前先行截杀徐的先遣骑兵，或者，如果他能加强军队管理，注意凝聚军心，严查军中潜伏的探子或叛徒——如果历史容纳"如果"，也许，当年的战局就会是另外一个样子。

王保保兵败后，徐达率兵继续攻打陕西，并没有花费什么力气。当陕西亦被收入囊中后，明军就直接面对躲在上都的元顺帝了——既然已经做不成皇帝了，那就索性连命也一起交出来吧。

## 常遇春：轻轻地，我走了

古时的战场，如今已成人声鼎沸的城镇；曾经震天的嘶吼，都已被阵阵劲风带走，不留回响；那时遍地的鲜血，成山的尸骨，怕是已被历史踏平，没有了痕迹。而当年将军手中那寒光闪耀、令厉鬼胆寒的兵器，也已随将军的魂魄而逝，永远长眠黄泉。

洪武二年（1369年）二月，奉朱元璋之命，常遇春率九万军队出征开平，目的只有一个，就是把元顺帝收拾掉——如果杀不了他，起码也要把他赶走，赶得越远越好。

朱元璋算是彻底盯上了元顺帝，其实这个无能的皇帝对朱已经没有任何威胁了，而且从元顺帝的逃跑行径也能看出，这皇帝实在是没有什么文韬武略，根本不可能组织任何有效的抵抗——对朱元璋来说，元顺帝根本不值一提。可这样一个无能之人也不能放过——哪怕再无能，他头上也顶着元朝皇帝的名号，这个名号存在一天，他朱元璋就一天不得安生，自己不能名不正言不顺。所以，他派了手下猛将常遇春去攻打元顺帝——实在是有点杀鸡用牛刀，

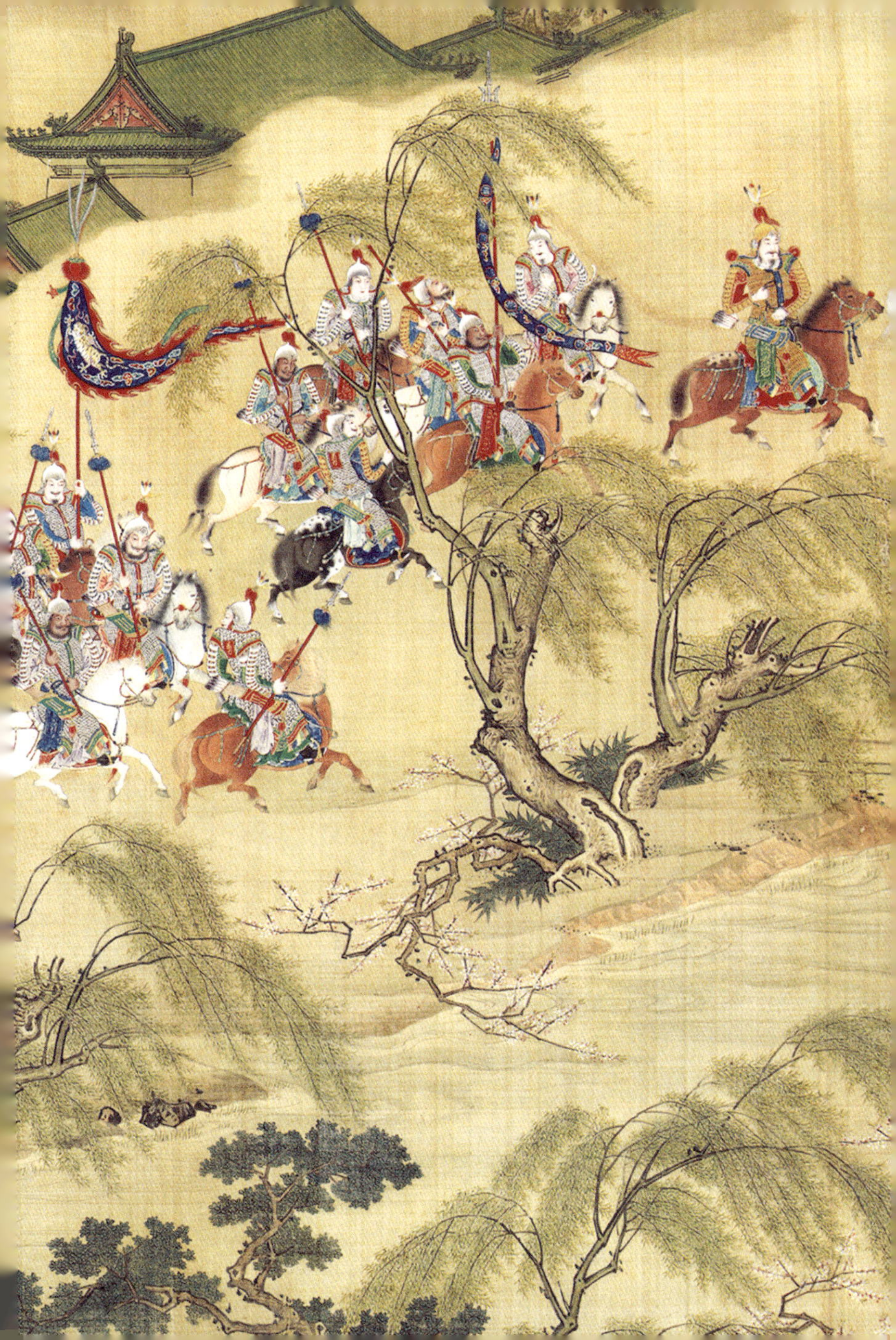

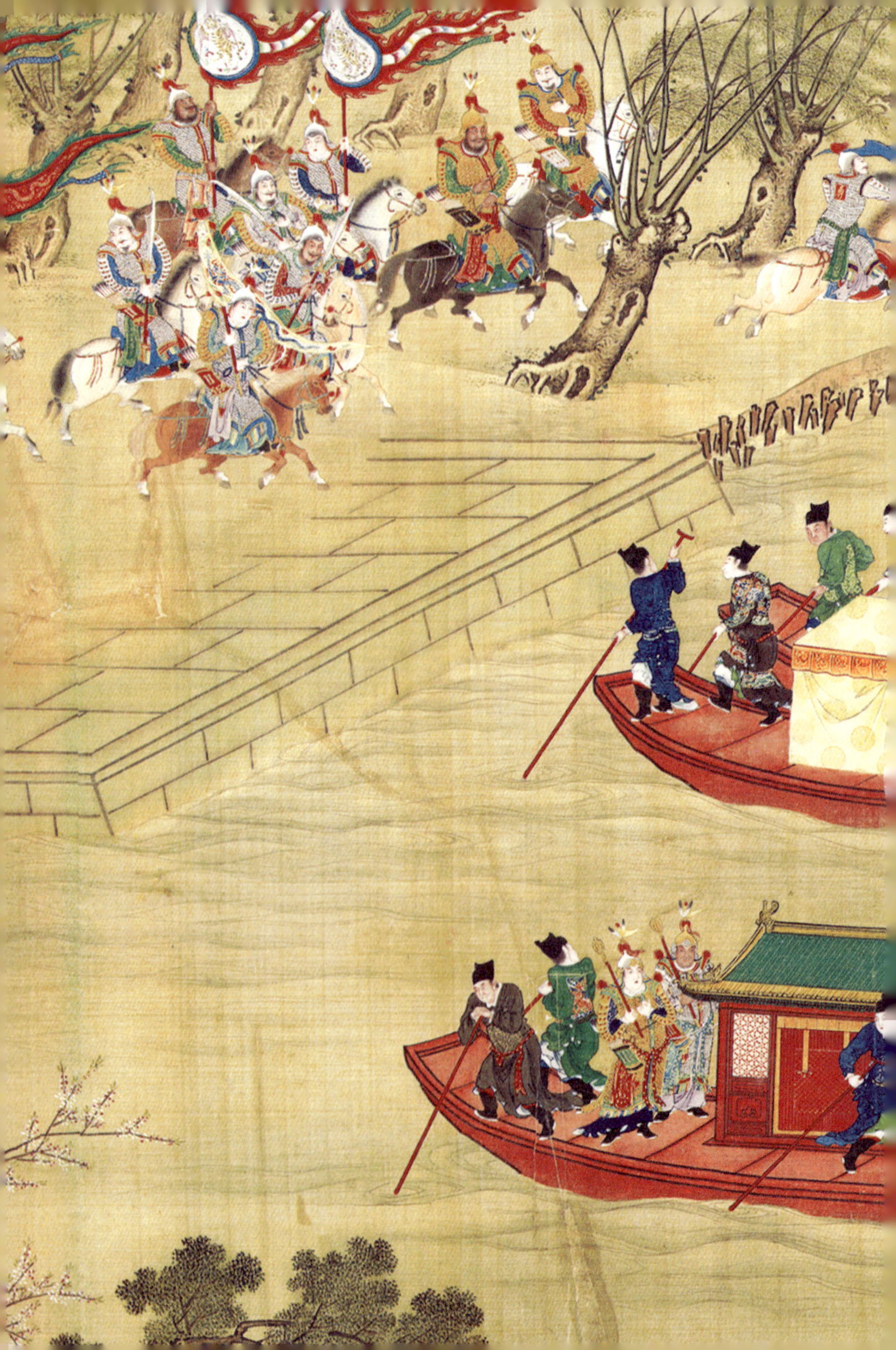

不过这也可以窥见朱元璋想一举灭掉元顺帝的迫切心情。常遇春对这次的任务更是信心满满，对胜利势在必得。只不过，朱元璋没有想到，常遇春本人更没有想到，这次看似简单的出征，竟会成为常遇春在战场上最后的绝唱。

常遇春带着他手下的九万精兵，浩浩荡荡开赴开平。他相信自己将铸就战功，却没料到这也是自己的句点。

常遇春作战，有一个很突出的特点：快。除了速战速决，他基本上没有什么别的战术，单凭速度，常遇春也有把阵地战打成突袭战的本事。而他百战百胜，也是因为快：还没等敌人做好部署，常遇春就带着士兵杀到；就算做好部署，常遇春也会带兵杀过来激战一番，然后马上撤退，敌人根本来不及做出任何反应。一切军事计划在常遇春的速度面前都形同虚设，他对速度的酷爱简直到了令人发指的地步。所谓兵贵神速，常遇春算是这句话的最好解释。

这次他的副将李文忠也是一个以作战迅速著称的将领，这两个人凑到一起，只能说，元军的运气太不好了。

常遇春这次作战与前几次相仿：他实在太快了，快到来不及让人记录下作战过程。"取开平，道三河，经鹿儿岭，过惠州，败故元将江文清兵于锦川，得士马以千计。次全宁，故元丞相也速复以兵迎战，又败之。也速遁去。进攻大兴州，文忠谓遇春曰：'元兵必走，乃分兵千余为八屯，伏其归路，虏果夜遁，遇伏，大破之，擒其丞相脱火赤。遂举兵道新开岭，进攻开平。元主先已北奔，追北数百里，俘其宗王庆生及平章鼎住等，斩之。凡得将士万人，车万辆，马三千匹，牛五万头，蓟北悉平。'"（《明实录》）

只消百余字,记录常遇春指挥的四次战役就足够了,只因在这过程中,常遇春几乎没有遇到任何有效的反抗——当然,他也绝不会给敌人任何反抗的机会。

李文忠不仅像常遇春一样善于速攻,还是一个具有谋略的将领。进攻大兴时,他已经看出元军不会做任何抵抗,但似乎也不会平静地受降,因此极有可能逃跑。但如果只是收获一座空城,实在没有什么意义。因此他向常遇春建议,将千余士兵分为八组,埋伏在元军逃跑的必经之路上,打他个措手不及。元军到了夜里果然弃城逃跑,却不料中了埋伏,大败。元朝丞相脱火赤被俘。

等到常遇春率军抵达开平,藏在此地的元顺帝早就带着老婆孩子跑了。这个元顺帝,逃跑的本事还是上乘的。一个曾经养尊处优的天子,居然也能把颠沛流离的逃亡生活过下去,不得不说,对生的渴望能激发出人的无限潜能。

可元顺帝忘记了一点——常遇春是谁,他可是明朝第一先锋,怎么可能任凭快要到手的猎物就这么从他的眼皮底下安然逃脱呢?抓不住你,也不能让你好过。

常遇春一口气向北追了数百里,俘获了宗王庆生及平章鼎住等人,并把他们统统杀掉。可怜的元顺帝,被常遇春向北撵了数百里不说,本来还想回大都享福的他,这下不仅没回成,反而被赶到了荒无人烟的草原深处。这个皇帝,着实倒霉。

谁让他遇见的是嗜好赶尽杀绝的常遇春呢,元顺帝还能留着一条命,就已经万幸了。

这一仗,常遇春斩获颇多。俘虏将士万人,缴获车万辆,马三千匹，牛五万头，其余的宝物更是不计其数。元顺帝带到开平的那些家当，都被常遇春搬了回来。常遇春总共才带了九万人出征，这一下，几乎人人身上都有战利品，人人身后都跟着俘虏，实在是风光无限。

只可惜，这凯旋豪情却在柳河川戛然而止。

常遇春班师途经柳河川时，不幸暴病而死，时年四十岁。这不知名的病魔，竟然轻而易举地夺去了常遇春的生命。生死面前，人人平等——可叹，人人终于平等；可悲，人人只能平等。

一代名将，就此魂飞魄散。他还没来得及完成剿灭北元的使命，还没来得及参与治理这一片他辛苦打下的江山，还没来得及享受战争结束后的天伦之乐，还没来得及将他的一身武艺传于后人……常遇春当然不甘，可不甘又如何，在命运面前，纵使骁勇如常遇春，一样无可奈何——即使速度惊人，却仍跑不过命运的车轮。就这样，命运伸出手，带走了这个骁勇善战的奇男子，也带走了他所有的荣耀。

柳河川，柳河川，地名中有个"柳"字——难道当真要他在此停留，再也不走吗？

噩耗传回京城，朱元璋闻之大恸：开国之初就折去一员猛将，对朱元璋来说，这是莫大的损失。况且这个人曾帮自己打下了半壁江山，曾于危难之际解救了自己，劳苦功高。此时的朱元璋，其悲痛应该是真实的，毕竟，这是与他并肩作战多年的战友，他们之间，是有感情的。

当常遇春的丧队到达龙江时，朱元璋亲自拜祭，并且让礼部的官员制定丧葬的规制。后来，朱元璋决定按照宋太宗给韩王赵普的丧葬仪式来办。赵普何人？就是那个当年协助赵匡胤发起陈桥兵变的人，就是后来"半部《论语》治天下"的宰相，就是那个一直在幕后出谋划策、影响了宋朝几百年的韩王。在朱元璋心中，常遇春是他的左膀右臂，也是他治理天下所倚重的人。

朱元璋给予常遇春无上荣耀——追封开平王，谥忠武，这是武将的最高谥号了，并且让他配享太庙。太庙是供奉皇帝祖先的地方，历朝历代，只有寥寥几人能够获此殊荣，而常遇春，当之无愧。

然无论加在身上的荣耀有多少，斯人已逝，这些于他来说都已没有任何意义。常遇春是幸运的，他倒在了一生为之痴狂的战场上，将自己的血肉化为无尽的屏障，保护着这片他深深眷恋的热土；常遇春是幸运的，他躲过了朱元璋对功臣的清洗，躲过了冤死刀下的命运，也躲过了兔死狗烹的悲凉。他在其生命绽放得最绚烂的时候离去，将这一刻永远定格。谁也拿不走属于他的荣耀，谁也代替不了他大明第一先锋的位置——他，常遇春，留给后人的是一个所向披靡的背影和一种无坚不摧的气概。

常遇春，一个伟岸决绝的奇男子，一个纵横天下的大将军，他在元末明初的世事变幻中，犹如一柄利剑直直挺立在大明的疆域上，定住了风云，定住了江山。

## 常在河边走当然会湿鞋

常遇春走了,北定残元的重任,就落在了徐达的身上。

当时的北元,只剩王保保一人独撑大局,而朱元璋则越战越勇。王保保率人攻打兰州,不想遇到了守将张温誓死抵抗,居然被打退了数十里。而后朱元璋一边派徐达自潼关至定西,与王保保决战,一边又派李文忠出居庸关至应昌,旨在把元顺帝赶得再远一点。

王保保本来想严阵以待,不想却等来了他一辈子的对手,徐达。

徐达率大军到达定西后,并没有急于进攻,而是驻扎下来,和王保保耗上了。当明军把元军耗得几乎没有任何战斗力后,徐达率人轻易地击溃了王保保的十万大军,把王保保逼得再次上演了弃军而去的戏码。这次更加凄惨,不仅十万大军再次陷落,王连个卫士都没有,只能自己带着老婆孩子往黄河边逃。《明史纪事本末》记载,"保保仅与其妻子数人从古城北遁去,至黄河,得流木以渡",

可怜一代大将，只能抱着一截木头渡过黄河，何其狼狈！

但王保保并没有就此放弃，他选择静静地等待——等待一个时机，把以前的账一次算清。好在，他没有等太久。这一次，朱元璋决定毕其功于一役，他不想再和这个老对手玩下去了，他要做唯我独尊的王。

朱元璋把武将们叫到一起谋划边事。据史料记载，这次的军事会议很有意思。"中书右丞相魏国公徐达曰：'今天下大定，庶民已安，北虏归附者相继。惟王保保出没边境，今复遁居和林，臣愿鼓率将士以剿绝之。'上曰：'彼朔漠一穷寇耳，终当绝灭。但今败亡之众，远处绝漠，以死自卫。困兽犹斗，况穷寇乎？姑置之。'诸将曰：'王保保狡猾狙诈，使其在，终必为寇，不如取之，永清沙漠。'上曰：'卿等必欲征之，须兵几何？'达曰：'得兵十万足矣。'上曰：'兵须十五万，分三道以进。'于是命达为征虏大将军，出中路，曹国公李文忠为左副将军，出东路，宋国公冯胜为征西将军，出西路。"（《明实录》）

徐达首先提出要剿灭北元，但此时朱元璋的态度很值得玩味：他觉得王保保已经是穷寇，穷寇莫追这个道理，他朱元璋还是懂的。再说，堂堂大明朝，追着一个王保保不放，实在不太好看。

但手下的其他人又说，这个王保保实在是太狡猾，不把他灭了，恐怕会成祸害。这时，朱元璋问，如果你们非要打，要多少兵呢？徐达说，十万就够了。朱元璋马上回应，要带十五万人，分三路去。表面看，朱元璋是不想打王保保了，可推敲一番就会发现，怎么不想打？朱元璋最想打的就是他！要不然朱怎么会马上派了十五万大军，并且连进攻路线都一并想好呢？不要忘记朱元璋的性格——他不会容许任何一个威胁的存在。又如众所周知，史书上的记载往往会美化君王，将他们塑造成唾弃战争的人。所以，对于《明实录》的说法，我们还是姑且信之吧。

随后，大军即将出征。临行前，朱元璋告诫诸将不可轻敌，并且再一次重申了作战方针："大将军由中路出雁门，扬言趋和林而实迟重，致其来击之，必可破也。左副将军由东路自居庸出应昌，以掩其不备，必有所获。征西将军由西路出金兰驻甘肃，以疑其兵，令虏不知所为，乃善计也。"（《明实录》）一边让徐达大张旗鼓地行军，刺激元军主动来犯，然后破之；另一边安排奇兵，截断元军后路；此外明军还故布疑阵，让冯胜带着人四处晃悠，迷惑元军视线。这一招实在高明，而且，西路军的安排还起到了意想不到的作用。

徐达此去，对胜利势在必得。谁料世事多变，这一次，徐达终于体味到了失败究竟是什么滋味。

徐达选择了一个人做先锋，这个人将徐达的失败降到了最低限度。他，就是蓝玉。

洪武五年（1372年）二月，徐达率兵进入山西境内。他派蓝玉先出雁门关，而蓝玉在野马川这个地方遇到了元军，并大败之。尔后三月二十日，蓝玉在土剌河再次与王保保短兵相接，王保保兵败，遁去。

这个时候的徐达，其实应该停下来审视战局，思考一下为什么王保保总是派小股军队和自己接触，而从未发起大军对大军的正面冲突。其实王保保明显运用了诱敌深入的战术，然而，被胜利冲昏头的徐达却没有意识到，以至于犯下了他此生唯一的错误。

五月六日，王保保的大军出现在岭北，徐达轻率地率军前往。

王保保虽然在我们的印象里总在逃跑，似乎他最擅长的就是如何保命。但此人毕竟是元朝最后的希望，他的身上一定有着与众不同的才干——善于审时度势，可以算是其中一种才干。

王保保知道，今时不同往日，元朝已经没有能抗衡明朝的实力了。但作为一名将领，屡战屡败是莫大的耻辱，就算不能复国，他也要徐达付出代价。而现在，王保保的机会来了。

徐达军队虽然实力强大，但由于此战太过轻率，就忘记思考这样一种可能：就算王保保的兵力不如徐，但如若战略正确、指挥得当，以一敌十也不是不可能。扭转战局的最好方法，就是伏击。

当徐达的大军进入岭北时，他惊讶地发现，这一次，他的对手似乎并没有任何想要逃跑的打算，而是静静地等在那儿，静静地看着徐达。这一刻，徐达突然感觉到了一阵寒冷——好像，中计了。

徐达毕竟是徐达，如果这样就能使他临阵退缩，那他这"一代名将"的光荣称号就可以送人了。当发觉身后有贺宗哲的部队阻住去路，敌军又以逸待劳时，徐达显示出了大将的魄力：徐达不是王保保，不会以性命为重而丢弃军队；他采取了最后一招，也是最无奈的一招：即便是死，也要死在冲锋的位置上！他把自己的中军布置在全体大军的前方，大大的帅旗高高飘扬于头顶，所有的士兵一抬头，就能看见自己的主帅手持利刃，冲在最前面。无论何时，只要那个身影还在，所有的人就会毫不犹豫地冲锋陷阵、前仆后继。明军无一人退缩，所有士兵都是胸前受伤——背上留下伤痕，是他们的耻辱。

同生共死，曾有多少人在出征时曾放过如此豪言，可又有多少人能真正做到？徐达没有那么多的说辞，却用实实在在的行动安稳军心，令麾下全军义无反顾地相信他、拥戴他。将军做到这个地步，才算是做到了一个境界。

此时的命运女神却没有青睐徐达，虽然他有万夫不当之勇，怎奈这一次，王保保憋着一肚子窝囊气，一定要置徐于死地，作战部署几乎无懈可击。凭什么你百战百胜，我就得带着老婆孩子被撵得到处跑，连一天安生日子都过不了？大家都是各为其主，也都是各自主子最倚重的人，我跟你的待遇也未免差得太多了吧？这一次，我一定要你也尝尝苦头！

再看徐达这边，在蓝玉的掩护下，徐虽然成功突围，并且修筑了碉堡，抵挡住了元军的再次袭击，然明军损失惨重，死伤数万。徐达大军，最终只得铩羽而归。

可在王保保看来，此战也实在算不上什么胜利。他没有灭掉徐达，一旦放虎归山，就等同招致无穷后患。伏击这种事，干一次还行，想骗第二次，可就比登天还难啰。

难道上天派徐达下来，就是和我作对的吗？王保保望天长叹。

正当徐达渐渐从被伏的阴霾中走出，为自己当初的冒进懊悔不已时，李文忠那边正进行激战。

洪武五年（1372年）六月二十九日，李文忠带人出征，发现敌人早就闻风而逃。没有敌人，就一座空城，这仗打着有什么劲？李文忠决定发挥他穷追猛打的一贯作风，将追击进行到底。

当大军开到胪朐河（今克鲁伦河）这个地方时，李文忠对部下说明了他的意图："兵贵神速，宜乘胜追之。"这还不算，李觉得既然要急行军，辎重就不必带了。于是派人留下来守着东西，其他士兵带上二十天的口粮，日夜兼程，追击敌人。

追到土剌河后，元军将领蛮子哈剌章看到李文忠的部队尽数渡过了河，派出小股兵力与之对战，被打退后立即遁走。李文忠又继续追击，直追到阿鲁浑河时，才发现事情好像不太对劲了。

李文忠眼前集结了越来越多的元军，兵强马壮。元军站在河边，冲着他笑！

其实明白人一看就知道这个蛮子哈剌章用了和王保保一样的计策，无非是小股刺探，诱敌深入。这回李文忠犯了和徐达一样的错误，步步追击正中敌军下怀，李文忠的部队就这么被人牵着鼻子走进了伏击圈。

要知道，蛮子哈剌章不是王保保；而李文忠，也没有那么好对付。

李文忠发现中计之后，反而被激发出无穷的斗志——既然遇上了，就打吧。

"文忠马中流矢,急下马,持短兵接战。"(《明实录》)李文忠的马被箭射伤,不能动弹,他就翻身下马,手持短兵和人家接着打。他身边的副将刘义看见他这么不要命,赶紧冲过来保护他,指挥使李荣把自己的马让给李文忠,自己则夺过元兵的马骑上。李文忠上了马,更是如鱼得水。他横冲直撞,拿着武器一路砍杀。士兵见主帅这么猛,也纷纷杀红了眼,反正杀一个够本,杀两个赚了。结果这么一来,元军居然被李文忠打得不知所措,纷纷逃窜。李文忠所俘人马以万计。

蛮子哈剌章糊涂了。这究竟是谁伏击谁啊,怎么好像自己中了埋伏似的?怎么遇见这么一个打起仗来什么都不顾的主儿?蛮子哈剌章无语了,只得抬头问苍天。

可李文忠没给他感慨的时间,一定要斩草除根,一定得灭了元军,否则他们就不知惹了自己是个什么下场!

李文忠追着蛮子哈剌章到了称海,这回又有很多元兵集结。可李文忠追到这儿就没再下令进攻了,居然让士兵驻扎下来,还把俘获的元军的马匹牲畜在草原上放牧。领导不发话,谁也不敢轻举妄动,谁知道这个李文忠到底在打什么算盘。

一来二去,元军憋不住了,只得引兵退去,正好李文忠这边口粮也快吃完了,那就回去吧,不然要是饿极了,说不定还会当着元军的面,宰了他们的马牛来吃,万一惹急了他们,自己不是引火烧身吗?

就这样,李文忠打了一场称不上"全胜"的胜仗。毕竟李并未真正歼灭元军主力,还差点让人家围起来打。要不是李文忠打起仗来的那股恐怖劲儿,后果不堪设想。

徐达和李文忠这次出征,算是结结实实地遭遇了打击。看来,就算是常胜将军,也有马失前蹄的时候。北征残元,难道真的就无功而返了吗?

## 神奇的傅友德

有心栽花花不开，无心插柳柳成荫。用这句话形容朱元璋此次出征北元，再贴切不过了。本来被寄予厚望的徐达中路军，非但没有什么收获，反而差点全军覆没，拼死突围才侥幸逃脱。但有一个人物却让这次不那么给力的表演稍微有了些看头。

朱元璋这次出征的计划，重心基本都在徐达和李文忠上，派出的西路军冯胜，不过是故布的疑阵，只是起到分散敌人注意力的作用，实在没有什么实质性的任务。朱元璋只让冯胜出兵甘肃，具体往哪儿打也没给个目标，怎么打更是没个说法。或者说，就是随便走走，四处看看，实在无聊也可以勘探一下甘肃的地形，了解一下当地的风土人情也不错。冯胜这次的任务，看上去是最轻松的了。

不过这可郁闷坏了冯胜，想想自己也是一员大将，居然被派了这么一个不着调的任务。到大漠上走一走，然后再带着军队走回来就行了？实在没什么挑战性。看着同僚徐达他们热火朝天地准备出征，冯胜虽嘴上不说，心里却早已愁云惨雾了。

于是，冯胜在挑选副将时也没有太上心，就让傅友德做了自己的副将。在冯胜看来，这个傅友德没什么太大的本事，但至少不会误事。反正这次出征，就算是军事天才也无用武之地，权当带着一帮人出去玩了。可是，冯胜没想到，他的这个选择，居然让他成了最后的赢家。

傅友德是昔日徐寿辉手下的"四大金刚"之一。后来陈友谅掌权，他一看形势不妙，就投靠了朱元璋。这个人一直以来都没有什么太大的建树，所以也就不太引人注意。但是别忘了，傅友德名列"四大金刚"，在元末那个人才辈出的年代，能被冠上名号的定然不是泛泛之辈。是金子总要发光的，他傅友德就是一座货真价实的金矿。

当冯胜带着大队人马来到兰州后，发现真是无事可做。大部分元兵都被王保保调过去攻打徐达了，剩下的只是一些散兵游勇，不值得大军主动出击。于是，冯胜分给傅友德五千兵马，让他四处转转，看看有什么战利品可以拿回来，也算没有白来一趟。

结果，这五千兵马跟着傅友德出去一转，就转出了不小的动静。

傅友德看着自己手中这五千兵马，心中自是明白主将冯胜的意图，他很不甘心。当兵就该上战场，没有现成的战场，就自己去寻找一个战场。总之，他傅友德要打仗。

于是，传奇开始了。

傅友德先是分析了局势：虽然朱元璋美其名曰让他们"故布疑阵"，但其实根本不用他们有什么动作——在朱元璋看来，这么一支军队，就是老老实实地站在那儿，也是一种威胁。但傅友德不这么想，既然是疑兵之计，那索性就把这个疑阵坐实。遇到元兵就打，反而让人无法猜透他的真实意图和下一步计划。事不宜迟，傅友德立刻率着五千将士奔赴西凉，遇到了元将失剌罕，二话不说立刻开打，傅友德战胜。要说这个失剌罕将军无辜得很，还没明白过来是怎么回事，就成了傅友德计划中的第一个牺牲品。

然后，傅友德又马不停蹄赶往永昌，在忽剌罕口这个地方大败元太尉朵儿只巴，获得辎重牛马无数，再胜。接着，傅连气都不喘，又带兵进逼扫林山。这时，冯胜才意识到这个傅友德似乎想在不可能的地方建立战功，而傅好像也的确有这个能力。冯胜满腔的护国热血也被傅友德点燃，他带着大军前往扫林山，和傅友德会合，共同击败元军。其间傅友德更是勇猛，亲手射杀了元军的平章百花，并且锲而不舍地追着元军打，又斩其兵丁四百余人，俘虏了太尉锁纳儿加、平章管著等人，再胜。

这下，手下士兵的积极性都被调动起来了。他们热切地看着傅友德，觉得跟着这个人，有仗打、有敌杀，最重要的是有功建，还有战利品拿。于是，冯胜将部队的主力给了傅友德，让傅带着他们去横扫茫茫大漠。

得到了主力的傅友德更激动了，此时的他，就跟打了鸡血似的，停不下来，异常亢奋。一见元兵，就跟饿狼看见肥羊一样，张牙舞爪地狂扑上去。

接下来该谁了？

镇守甘肃的元将上都驴听说了傅友德后，一句废话都没有，立刻组织人马，开门投降。他可不想被傅友德追得到处跑，这么荒芜的沙漠，逃到哪儿都没有好日子过，还不如降了。

于是，傅友德不费一兵一卒，白得了座城池，又胜。

冯胜一边安抚投降的吏民，一边吩咐部分手下镇守此地，然后继续前进。

这下可苦了元朝的将士们。傅友德的大名早已经传遍了整个甘肃，伴随而来的还有不可思议和无尽的恐怖。这个人到底是什么做的？他到底哪来这么多的精力？见到元兵，傅友德从来都是二话不说，上来就砍，砍完就走，找着别人接着砍。砍不干净还不罢休，一定得把你赶尽杀绝了才算完事。元兵们叫苦不迭：本来退居在戈壁就够憋屈了，竟还碰上这么一个狂人，打又打不过，跑又跑不了，真是闷煞活人！

有的元朝将领也明白了，反正打不赢，干脆降了吧。就这么着，当明朝大军来到集乃路，看到的就是守将卜颜帖木儿带着全城的人开门迎接明军，好像他们不是敌人，而是来自远方的亲人。于是，傅友德又胜。

既然已经来了，总是接收降城也没多大劲，那就接着打吧。

在别笃山口这个地方，傅友德碰见了元岐王朵儿只班，只能怪此人运气太差。两军对阵，元岐王朵儿只班一点儿还手之力都没有，只能等着挨打。结果，元军惨败，元岐王朵儿只班只身逃走。剩下的平章长家奴等二十七人，以及各类牲畜十余万头，拱手送给了傅友德。

可是傅友德是谁，他可不是看见一点儿战利品就走不动道儿的人。他让属下好好清理战场,然后又率人继续追赶元岐王朵儿只班。傅友德发扬了急先锋的优良传统,一阵穷追猛打,元岐王朵儿只班被他追得恨不得在沙漠上刨个坑把自己埋了。追上元岐王朵儿只班后,傅再次轻而易举地击溃了其军队,收获了金银印和两万余匹马、驼、牛、羊,大胜而还。

这次出征,傅友德一直打到十月份才班师回朝,倒不是因为没有仗可打了,实在是因为缴获的战利品太多,总共就五万士兵,每个人肩上扛着武器,身后拉着辎重,还得牵着好几头牲口,跟搬家似的,浩浩荡荡,几乎没有什么行军速度可言。而且,傅友德声名远播,就好像一道符咒贴在了甘肃的上空,让元军时时都感觉到一股无形的压力和彻骨的寒气,只求这个祖宗不要主动找上门来。听说傅友德班师了,元军老老实实地磕头谢恩都来不及,怎么可能再有胆子挑衅?再把这个阎王招来,谁吃得消?

按道理说,这次出征北元,只有冯胜这一军全胜,战功赫赫,而傅友德更是劳苦功高。可是班师回朝后,傅友德并没有得到应有的奖赏。因为主帅冯胜藏匿战利品被朱元璋发现了,因此功过相抵,不赏不罚。傅友德受到牵连,战功一笔抹消。

不过,历史会记住傅友德的,记住他七战七胜的不朽功绩,和他纵横大漠、所向披靡的神话。

当年傅友德带着部下投靠朱元璋时,恐怕没想到自己会创造今天这样的伟业。他原来的主人徐寿辉,是朱元璋的对头,傅友德在他手下,没有因为猜忌而莫名死去,就已经是无比幸运了。当他在朱元璋手下出击敌人、策马驰骋的时候,是否想过自己会有一天得到重用,会有一天像徐达、常遇春那样名垂青史?或许,能够活下去,并且发挥自己的才能,实现身为军人的价值,就是傅友德最大的心愿了。

但天不负他,给了他一个机会。而他也抓住了这次机会,改变了所有人对他的看法,尤其是朱元璋。傅友德这个人,堪当重任。

三路军全部回朝,这次出兵的结果让朱元璋冷静下来。他意识到,想要一次彻底清除元朝是不太现实的,但元朝已经没有什么有效的实力了。明朝既已站稳了脚跟,就暂时不用担心残元侵扰;而残元也看出明朝是一个几乎无法战胜的对手,想要打败它不容易。因此,元、明进入正式对峙阶段。真正肃清元朝,还是留待后来人吧。

# 第六章

## 我的地盘我做主

# 户口制

明朝建立以后,朱元璋为了建立有效的赋役制度,对地主隐匿田产、户口而逃避赋役的行为予以打击。他下令各地认真清理、统计全国户口和耕地数额,编制了赋役黄册和鱼鳞图册,从而形成了严密的户口和财产登记制度。

洪武元年(1368年),朱元璋要求在各地作战的总兵和地方官员注意收集户口版籍。同年,制定"均工夫"役法,还编制了应天十八府州和江西九江、饶州、南康三府的均工夫图册。洪武三年(1370年)他又下令按户登记姓名、籍贯、年龄、丁口、产业,实行户帖制,将户帖发放给各户,全国户籍则在户部汇总。在江南一些地区还试制了"小黄册"。

明政府也十分重视查核全国的土地。洪武元年(1368年)朱元璋派官员到浙西核实田亩,攒造鱼鳞图册。后来又令国子监监生武淳等人到各地丈田绘鱼鳞图册。鱼鳞图册按"随粮定区"原则,以税粮万石为一编造单位,称一区。把每区的土地丈量之后,绘成图册，册上记载所有田亩面积、四周界至、土地沃瘠、户主姓名。因总图形状像鱼鳞，故而得名为"鱼鳞图册"。

黄册以户为主，以人为经，以田地为纬，田地分别归于地主，作为征派赋役的根据。鱼鳞图册以田地为主，以地域为经，以人为纬，作为解决土地纠纷的凭证。两种册籍相互配合，相互补充，相互核对，相互牵制，形成了一套严密完整的户口、田地和赋役管理制度。

# 立卫所制和将兵法

洪武初年，中央军事机关为大都督府，朱元璋任命亲侄子朱文正为全国最大的军事长官大都督。全国都司、卫所的军队都由大都督府统率。后来，朱元璋觉得大都督府的权力过大，就在废中书省的同时，把大都督府一分为五，设立左、右、中、前、后五军都督府，各都督府分别统领各自所属的都司、卫所，各府的长官分为左、右都督，掌管军事。五军都督府和兵部既互相配合，又互相牵制。各都督府只管军籍、军政，没有指挥和统率军队的权力；兵部虽有颁发军令，铨选军官之权，但不能直接指挥和统率军队。如有战争，则决定权在皇帝手中，兵部奉旨颁发调兵命令，由皇帝亲自任命军事统帅，然后率领由各卫所调集的军队去作战，结束战事之后，兵归卫所，主帅还印。这一制度使皇帝握有总指挥权和将帅的任免权，而军籍、军政的管理和军队的调发指挥权限分开，将不专军，军不私将。这样，不仅避免了悍将跋扈、骄兵叛变的弊端，而且更重要的是使皇帝牢牢控制住了军权。

立国之初，朱元璋和刘基经过研究磋商，在编制和训练军队方面，创立了一种卫所制度。卫所军队有四个来源：一是从征；二是归附；三是谪发；四是垛集。军人列入军籍，世代沿袭，儿孙代代当兵，都督掌管军籍，普通地方行政官吏无权管辖军人。军队耕战结合，平时既要屯耕，又要进行军事训练，还要担负保卫边疆和镇守地方的任务，具有武装力量和生产力量相结合的性质。卫所把全部军士都编排进来，每112人编为一个百户所，每十个百户所编为一个千户所（1120人），每五个千户所编为一卫（5600人）。卫所的军官分别为百户、千户、卫指挥使。百户所以下的军事单位是总旗（约50人）、小旗（约10人）。全国各地都有洪武朝卫所，但主要集中在京师重地。

# 诏令办学

洪武二年（1369年）十月，朱元璋告谕中书省官员说："学校教育，到元代其弊已极……治国之要，教化为先，教化之道，学校为本……宜令郡县皆立学校。"十月三十日便下诏令地方郡县开办学校。

为了能使地方贯彻好立校兴学政策，明政府明确规定：府学设教授1人，训导4人，生员40人；县学设教谕1人，训导2人，生员20人。师生每月除供应每人六斗米外，有司还要供应鱼、肉。学官月俸，多少不等。学生学习，专治一经，以礼、乐、射、御、书、数设科分教，要学以致用。同时还对学校规章等其他相应教学措施做了规定。地方学校培养出来的学生，资历深的可以定期保送到京师国子监继续深造，也可以参加科举考试，求取功名；入学十年以上还没出路的，由学校推荐，可往吏部保送，充任下级官吏。

北方学校教育较南方相比尤为落后，缺乏师资而且师资水平很低。为了改变这种局面，朱元璋在洪武二十年（1387年）命令吏部从南方选出大批教学经验丰富的教官充实北方学校，以此来提高北方的教学水平。

明代前期，除上述府州县学外，地方社学也聘请儒士培养民间子弟，还有"御制大诰"及本朝律令的学习内容；地方武学也聘请武师专教武臣子弟学习武艺；等等。

朱元璋诏令天下郡县皆立学校，对提高全社会的文化素质、稳定明王朝统治都具有积极意义。

# 制定科举

洪武三年（1370年）五月，国家人才紧缺，朱元璋颁发科举诏令，于八月设科取士。

明代科举考试分文武二科。二科考试都明确规定了考试时间：子、午、卯、酉年为乡试；辰、戌、丑、未年为会试；乡试在八月，会试在二月，皆九日为第一场，复三日为第二场，又三日为第三场。中乡试者称举人，京师会试中胜出者有资格参加殿试。三年一大考，皇帝亲自把关殿试，殿试及格而被录取的都称为进士。进士分一、二、三甲：一甲三人，第一名称状元，第二名称榜眼，第三名称探花，赐进士及第；二甲若干名，赐进士出身；三甲若干人，赐同进士出身。凡中进士者，均可封官。

文科考试以"四书五经"为主要内容。第一场试五经义两道，四书义一道。第二场试论一道。第三场试策一道。三场考试通用推行的八股文答题（每篇文章必须包括破题、承题、起讲、入手、起股、中股、后股、束股八部分），因考试只重形式而内容不实，明代科举制又被称为"八股取士"。

武科试士的内容同文科有些差别。武举第一场试马上箭,第二场试步下箭,第三场试策一道。六年一大武举考试,考中者称武状元等。武科重技勇,考试的内容也因时局的变化和要求略有改动。

明代科举取士录取名额由社会需要而定。明初所需文官数额大,录取时也较多;明中期,逐渐放宽乡试名额而缩小会试名额,并在录取进士名额时,注意地域间的南北分布平衡。洪熙元年(1425年),限定取士名额,南人16名,北人14名,武科则没有限定。

在明初期,明代科举制对于扩大官僚机构、稳定统治政权起到了积极作用。因其以孔孟之道和程朱理学来束缚读书人的思想,是一种文化专制制度,所以读书人为了猎取功名,埋头"四书五经",写空洞的八股文,成为名副其实的书呆子。这种举士制度禁锢了人们的头脑,严重阻碍了文化科学的发展。

# 发展农耕

明代，随着炼铁技术的提高，铁质农具也得以改良，农耕种田更加追求集约经营，十分重视精耕细作，提倡"宁可少而精密，不可多而草率"。

在整地上，讲求深耕达七八寸，以使土壤彻底松软。如果在麦、稻两熟田地，将水田改成旱地时需开沟做坨，使坨背凸起如龟背，便于排水。翻耕时讲究先浅后深，头遍打破皮，二遍揭出泥，争取时间灭茬保墒；将旱地改为水田时则要分层深耕晒垡，从而改良土壤结构。

在选种和播种方面，重视收集、选育新种和优良种子，为便于早播还要提前浸种。如早稻浸种一般在清明节前，有的在春分前便开始浸种，称"社种"，浸种时间提前半个月。浸种方法也有了改进，原来是"昼浸夜收，不用长流水，难得生芽"，明代改为"用稻草包裹（稻种）一斗或二三斗，投于池塘水内，缸内亦可"，"浸三四日，微见白芽如针尖大，取出于阴处阴干"（王象晋《群芳谱》)。

施用追肥。当时不仅在施用追肥的时间、数量、次数以及肥效上有了科学的认识，还加深了对于土壤与肥壤结合方面的认识，并总结出了一些规律。如羊粪适宜旱地，猪粪适宜水田，灰粪和牛粪则适宜于土质贫瘠坚硬的田地，土性带泛浆之田宜用骨灰蘸秧根、石灰淹苗足，等等。

在防治病虫害方面也积累了一些经验，如冬天铲草根、添新土用来杀灭越冬幼虫及虫卵；用药物、棉籽油等拌种以避免虫蚀；把石灰、桐油撒在叶子上可用来杀虫，等等。

在充分利用田地的时间和空间方面也采用了科学的分配方法。宋元时发展起来的稻麦一年两熟的轮作方法，被推广运用到其他作物的种植之中，并且从一年的轮作发展为若干年的轮作，间作、套作技术也提高很多。江南地区双季稻种植广泛，甚至还在福建广东等地出现了一年三熟之稻。江南水稻除与小、大麦轮作外，还和豌豆、蚕豆、油菜等其他作物轮作，北方则以大、小麦与黍、粟、豆、薯等轮作。棉麦轮作、棉稻轮作、棉豆间作、桑豆间作等技术，也在推广经济作物的基础上发展起来。

# 农工商立法

明朝初年,因为经年战乱,全国流民充斥,农业生产非常缺乏劳动力,因而太祖朱元璋加强农业立法,用以恢复与促进农业发展。

朱元璋曾下达了禁止贩良为奴的禁令,禁止人身买卖,以解放劳力,使之投入生产。明初则大力推广移民垦荒,实行屯田,包括军屯、民屯、商屯、戍罪屯、赎罪屯等。

从农业发展需要出发,明政府加大了水利建设,整治堤岸塘堰,疏浚河道,还专门设置了掌管水利的营田司。规定:如有盗决河防者,杖一百;盗决圩岸陂塘者,杖八十;不修河防圩岸,或修而失时者,笞三十至五十杖;由此造成人员、财物损失者,笞五十至六十杖。

为核查全国田亩,还编造黄册与鱼鳞图册。耕民按亩交赋,赋役程度比前朝减轻很多,极大地提高了农民的生产积极性。

由于农业立法的推广,全国垦田面积和人口大增,到洪武二十六年(1393年)分别达到8507623顷和60544812人,使社会生产得到了恢复和发展。

此外,明朝的工商立法明确、具体。明初建立的匠户匠籍制度，加大了手工业者的集中管理力度，发挥了技术优势，促进了手工业的发展。

明朝律例对手工业产品的质量与规格要求十分具体。规定：造器物、缎匹不合格，工匠均受笞刑或以坐赃论。有关官吏也受处罚并赔偿损失。

在手工业生产管理方面，明朝法律规定：不经批准非法营造者，按坐赃论；营造所需物资不实报笞五十；多领物资者，以监守自盗论；工匠未按期交货，官吏不如期拨料者均处笞刑。

明代商业立法以重农抑商为基础，而且对盐、茶采取官营专卖政策。早在元至正二十一年（1361年）所定的《盐法》便有贩盐者取税1/20以助军饷的规定；洪武元年（1368年）定的《盐引条例》规定贩私盐者绞。后来又在《大明律》中规定：凡贩私盐、私茶者杖一百、徒三年，如携武器者加一等，拒捕者斩；买私盐者杖一百。盐法规定要取得吏部所颁"监引勘合"的凭证才可以经营盐业。早在元至正二十年（1360年）朱元璋便定《茶法》，取其1/30作为赋税收入的补充。明令严禁贩卖私茶，由官府专卖。洪武以后则规定设"茶引所"收购茶叶；贩茶者也一定要持有吏部"茶引勘合"，没有或持有过期凭证的按贩私盐律治罪。

《大明律》中的市场管理法规定：统一度量衡，市面上所用均须经官府核查，违者治罪；加强管理机关平抑物价的责任；对不法商人操纵市场、哄抬物价的不轨行为予以严厉打击，触犯此条规定者视其轻重处以笞、杖刑；严禁私人从事海外贸易，明确规定货卖海外和下海者杖一百，将人口、军器出境者处以绞刑，关口将士渎职与犯人同罪；等等。

*150*

# 移民屯田

明洪武三年（1370年）六月，分布于苏、松、嘉、湖、杭五郡的四千余户无田耕种的百姓，遵从朱元璋令迁徙到"田多未辟"的临濠，就垦农业，免征三年移民租税，这便是明代大规模移民屯田的开端。

洪武四年（1371年）六月，徐达驻师北平，因为除去了沙漠中的威胁，所以把北平山后35800余户居民分散到各府卫进行屯田；同年又移漠北和山西一带"沙漠遗民"32000余户到北平屯种，江南140000户少地、无地农民还奉命迁到凤阳屯种。洪武九年（1376年）十一月，山西、真定一带无田的百姓迁到凤阳屯田；洪武十五年（1382年）九月，广东番禺、东莞、增城等处24000多名降民迁移泗州屯田；洪武二十一年（1388年）又将山西泽、潞二州无地百姓迁往彰德、真定、临清、归德、太康等空旷地带，置屯耕种。

除了省与省之间的大规模移民屯田之外，各省内也发生了迁徙情况。洪武二十五年（1392年），登、莱二州5635户农民就耕于东昌；洪武二十八年（1395年），东昌三府外来移民达58124户。

明朝的移民屯种，政府为其提供耕牛种子，免除三年租税，三年之后每亩纳税一斗，不再加收其他赋税。这一举措极大地激起了百姓垦田种植的积极性，加速了开辟荒芜田地的进程，扩大了自耕农的比例，从一定程度上改变了元末土地高度集中的局面，推动了明初经济的恢复和发展。

# 封王封臣

洪武二年（1369年），明太祖朱元璋考虑到历代地方割据和叛乱严重威胁皇权，吸取宋、元两代皇室孤立的教训，诏定诸王国邑与官制，大封诸子，屏藩王室。

由洪武三年（1370年）开始，朱元璋的25个儿子和1个侄孙被先后封王。朱元璋选择其中一部分授予兵权，如秦王樉、燕王棣、宁王权等，令他们在北方驻守，节制沿边兵马，以防御蒙古残余力量；还有一部分驻守在内地各省，如鲁王檀等，用于监视地方官吏。

为避免握权大臣篡权谋反，明太祖规定，诸王有移文朝廷索取奸臣和举兵清君侧的权力，同时因担心诸王权力太大对中央集权的统治构成威胁，又申明诸王"惟列爵而不临民，分藩而不赐土"，即分爵而不裂土。

洪武三年（1370）十一月一日，朱元璋在奉天殿举行隆重的庆祝仪式，以表彰文臣武将的开国功勋，并大封功臣。

诸将的功绩都记录在大都督府兵部。吏部定勋爵，户部准备赏赐物品，礼部定礼仪，翰林院撰制诰，皇太子、诸王在两旁侍立，皇帝左右则排列着文武百官。诏封左丞相李善长为韩国公，右丞相徐达为魏国公，常遇春之子常茂为郑国公，李文忠为曹国公，邓愈为卫国公，冯胜为宋国公，又封了六公之下的二十八侯：汤和首位为中山侯，唐胜宗为延安侯，陆仲亨为吉安侯，周德兴为江夏侯，华云龙为淮安侯，顾时为济宁侯，耿炳文为长兴侯，陈德为临江侯，郭兴为巩昌侯，王志为六安侯，郑遇春为荥阳侯，费聚为平凉侯，吴良为江阴侯，吴祯为靖海侯，赵庸为南雄侯，廖永忠为德庆侯，俞通源为南安侯，华高为广德侯，杨璟为营阳侯，康铎为蕲春侯，朱亮祖为永嘉侯，傅友德为颍川侯，胡美为豫章侯，韩政为东平侯，黄彬为宜春侯，曹良臣为宣宁侯，梅思祖为汝南侯，陆聚为河南侯。并赐诰命、铁券、赏物等。又在该月的三十日，册封汪广洋为忠勤伯，刘基为诚意伯。而且还诏告各位公侯：身享富贵，应通达古今之务以成远大之器，不可苟且自足。

此后，朱元璋根据诸武臣的战绩，或封侯伯，或晋封公，以此激发武将建功立业之心。洪武十一年（1378年）汤和被朱元璋封作信国公，洪武十二年（1379年），又封仇成为安庆侯，金朝兴为宣德侯，蓝玉为永昌侯，谢成为永平侯，张龙为凤翔侯，吴复为安陆侯，曹兴为怀远侯，叶升为靖宁侯，曹震为景川侯，张温为会宁侯，周武为雄武侯，王弼为定远侯。

# 铁榜诫功臣

明初，一些加官晋爵的开国大臣，仗势欺人，横行乡里，连奴仆杀人也隐匿不报。洪武五年（1372年）六月，朱元璋为了保全功臣，命工部制作铁榜申诫功臣，厉禁纵容奴仆仗势为非作歹。

铁榜共有9条命令以申明律令，责令公侯奉公守法，不可以侵犯百姓利益。如命公侯不得接受官军贿赂，不可强霸官民山场、湖泊、茶园及金、银、铜、锡、铁冶炼者，不得容许家仆侵夺田产财物，不得倚仗权势欺压百姓，等等。但凡违背上述命令者都有受杖、充军、受刑、处死等相应处罚规定。铁榜公布后效果较好，但某些武将仍旧我行我素，目无法纪。如蓝玉专横恣暴，储庄奴数千人，鱼肉乡里；郭英私养家奴150多人，滥杀无辜；周德兴营造宅第，逾制豪华；朱亮祖专擅不法、贪得无厌；等等。这些最终导致洪武十三年（1380年）胡惟庸案和洪武二十六年（1393年）蓝玉案的爆发。两次党狱，致使那些元勋和有功将才全被杀尽了。

朱元璋制作铁榜警诫功臣，对明初抑制豪强、整顿吏治、稳定社会秩序起到了积极的作用，对剥夺公侯兵权、加强皇权也有一定的现实意义。同时，它也暴露出朱元璋唯恐公侯掌握兵权的心理。

# 第七章

## 老朱家的天,是格杀勿论的天

## 是谁杀死了刘伯温

"际会风云,平定海宇,既辟一代之规模,又阐一代之文章,盖诚意伯刘公一人而已矣。"人说,"三分天下诸葛亮,一统江山刘伯温"。关于刘伯温,世人的评价通常很高,民国时期的著名学者蔡元培先生就赞刘伯温是"时势造英雄,帷幄奇谋,功冠有明一代"。

刘伯温,名基,与徐达和李善长共称为"明朝三杰",堪比汉朝张良、韩信与萧何;在这两组"黄金组合"中,人们常拿汉朝的留侯张良与刘伯温作比,认为二者都是智士谋臣。明太祖朱元璋也承认,刘伯温对他的影响就相当于张良对刘邦的影响,称其"吾子房也"。但就是这样一个传奇的人物,却在老年不得善终,晚年凄凉,原因不知地逝去。这一切都发生在洪武年间。

洪武八年(1375年)一月,刘伯温患病卧床。明太祖朱元璋知晓后,派丞相胡惟庸带御医前去看望。御医针对刘伯温的病情开了处方,让他照单抓药。刘伯温吃了御医开的药,身体却更觉不适，肚子里好像有石头翻滚，折磨得他生不如死。四月十六日，刘伯温病故。

这段记载于明史的故事给后人留下了无尽的揣测。刘伯温究竟是怎么死的？有人认为他是单纯地病死，也有人认为他是被胡惟庸害死的，还有人认为他是被朱元璋杀死的。总之，由于历史资料不够完整，刘伯温之死引来了争议。

然而为什么刘伯温的死会与朱元璋联系在一起呢？

朱元璋在登上大位后便进行了一系列的"清君侧"活动。这大明的江山是他在乱世里打下来的，不是通过正统的方式继承的，所以身边必有很多劳苦功高的开国臣子。这些臣子在打江山的时候是"微臣"，但在治理江山的时候便是"危臣"了。历代皇帝对"功高震主"这四个字很是敏感，不然也不会有"杯酒释兵权"等事件发生了。对于明太祖朱元璋来说，这更是不能忍受的。他一步步削弱了这些臣子的力量，以加强自己的统治。而刘伯温正是这种政策下的牺牲品。他几次被朱元璋撤官，又几次被召回，经历了希望的产生到幻灭的过程，也终于明白了"伴君如伴虎"的道理。于是，他依照朱元璋的意思退隐了，却仍因隐得不够深，最终引起了朱元璋的戒备。

正如王国维的《人间词话》将人生分为三个阶段一般，晚明的文坛泰斗钱谦益着力研究刘伯温的诗句，认为可将刘伯温的一生分为三个阶段：少年时期即元末，他自命不凡，胸怀大志，豪情满怀；青壮年时期即随朱元璋打天下阶段，他与朱元璋惺惺相惜，如千里马遇上了伯乐般志趣相投；明朝建立后的阶段，则只剩落寞伤感。钱谦益的分析深入解读了刘伯温的一生，也使刘伯温的性格形象具体化了：他正直、豪气，胸中充满了抱负。这样的一个人怎么能够隐于市？

虽然，他努力让自己向"朝入青山暮泛湖"这样优哉游哉的生活靠近，也让自己向魏晋时期的陶潜学习创造自己的"桃花源"，每天喝喝酒、下下棋，当地知县前来拜访不见，与外界的联系也基本断绝。但是，他依然无法完全将自己置身事外。因为他有忧患意识，正如范仲淹所说，"处庙堂之远则忧其君"，也似史学家孟森的评价，"诚意（刘基）之归隐韬迹，非饰为名高也，亦非矫情也，盖惧祸耳"。

洪武五年（1372年），隐居的刘伯温得知，在青田县南约170里的地方，有一空地，叫淡洋。此地处两州（浙江和福建）交界，情况复杂，是朱元璋劲敌方国珍发迹之处，又是盐枭巢穴，为官府势力所不及。因此，刘伯温让其子调查情况后，令其拟奏章呈给明太祖朱元璋。因为此奏章没有经过胡惟庸之手而是直接进献给了皇上，引起胡惟庸等人的不满。于是，胡惟庸等人以此事状告刘伯温，说他善观风水，发现淡洋此处有王气，想霸占为自己的家族墓地，驱逐当地民众，所以让他的儿子奏请皇上设立巡检所来驱逐当地的居民。

这"王气"二字引发了潜伏在朱元璋心中很久的猜忌之心，于是，他不分青红皂白又将刘伯温训斥了一番，并令他在南京居留。后来，胡惟庸升任左丞相的官职，刘伯温内心的希望已全数熄灭。他忧思成疾，病情加重，引发了文章开头的一幕。

洪武八年（1375年）二月，他抱病见了朱元璋，向他婉转表示：自从依照胡惟庸带来的御医开的药方煎药后，他的身体更差了。他本来希望能通过这一诉求得到朱元璋的关心，但遗憾的是，朱元璋并没有对此上心，依然不闻不问。他心寒至极。三月，病情加重的刘伯温在其子刘琏以及朱元璋的特遣人员的护送下，自京师动身返乡。

回家后，刘伯温拒绝一切药食，他迫使自己如常饮食、作息，过起了所谓的"一般生活"。四月，刘伯温感觉时日不多，找来他的两个儿子交代后事，说："我死后你要立刻将天文书呈给皇上，不能耽误；并且以后不要让刘家的子孙们学这门学问。"同时他又嘱咐道，"从仕途一定要学会刚柔并济，公平与人，道德与法律并重，要仁厚待民，方可佑我大明"。最后，他将他所想的十条计策写在奏折上，交给刘琏，告诉他，在胡惟庸死后务必将此密折献给皇上，也许皇上那时才肯听他所言。四月十六，刘伯温逝于家中，享年六十五岁。

刘伯温死后，后代不断为他追封功德。武宗年间，他被追认为太师，谥号文成，世宗时期又受赐太庙。这充分表现出刘伯温的贡献是经得起时间考量的，他的功过，历史自会给出一个公正的评判。

史称，刘伯温是被胡惟庸害死的。"史中丞涂节言：前诚意伯刘基遇毒死，（汪）广洋宜知状。上（指朱元璋）问广洋，广洋对以'无是事'。上颇闻（刘）基方病时，丞相胡惟庸挟医往候，因饮以毒药。乃责广洋欺罔，不能效忠于国，坐视兴废。"（《明实

录·太祖实录》)

黄纪善也撰书支持这一观点。"洪武八年（1375年）正月，胡丞相惟庸以医来视疾，饮其药二服，有物积腹中如拳石，遂白于上，上亦未之省也。自是疾遂笃。三月，上以公久未出，遣使问之，知其不能起也，特制御文一通，遣使驰驿送公还乡。里居一月而薨。"(《诚意伯刘公行状》)

种种迹象表明了刘伯温确实是被胡惟庸毒死的，这个看法是有史可据的，有一定的可信性。明史专家吴晗认为，"刘基被毒，出于明太祖（朱元璋）之阴谋。胡惟庸旧与刘基有恨，不自觉地被明太祖所利用"。至少我们可以相信，刘伯温的死肯定是与朱元璋有关系的，但追其缘由，还是他自己造成的。

刘伯温一生刚正不阿，以儒臣的身份行谋臣的职责，虽怀有大志，却难为武将朱元璋的安乐臣子，难以平其远大的政治抱负。他想要展示自己的才华，殊不知，他的"知天下"恰恰就是刚登上皇位的朱元璋最不需要的。他惹恼了朱元璋，遭遇了一系列不公。但论其缘由，皆因刘伯温没有认清自己的职责以及朱元璋治天下所需要的环境。如果他懂得在开国的时候学张良离去，并当真不再过问朝政，兴许他还可以颐养天年。可是，他并没有选择这条路。因此，他只能像徐达、李善长等人一般被弃。所以，这条路是他自己选择的，是刘伯温自己杀了自己。

## 胡惟庸,你只是个打工的

对于胡惟庸来讲,洪武十三年(1380年),是个多事之秋。同样,这一年对于与胡惟庸稍有来往的人而言,也不怎么太平。

洪武十三年(1380年),左丞相胡惟庸忽然上奏给明太祖朱元璋,宣称他的旧宅院里的一口井蓦地涌出来香甜的醴泉。他说这是大明的祥瑞征兆,所以想请皇上过去观赏。朱元璋得到消息后非常高兴,便携众人前去观赏。不料,当车队到了西华门的时候,忽然从路旁窜出一个人,拦在车前,阻止通行。于是,护卫人员冲上前去,对他拳打脚踢。可是此人依然非常执着地拦在车前。朱元璋看出此人定有事相禀,于是询问。原来,此人是西华门的内史宦官云奇,可是说明身份后他便不再吭声了,只是一个劲儿地指着胡惟庸旧宅的方向。朱元璋疑心了,率众人登上高台,向胡惟庸家的方向眺望,随即大惊失色。原来,胡惟庸家的亭台间都隐藏着身披铠甲、手持刀剑的士兵。朱元璋当即下令逮捕胡惟庸,并立即处死。这便是被后人口口相传的"云奇告变"事件。姑且不论野史真伪,我们先假定胡惟庸就是朱元璋所杀,至于被杀的原因,我们得琢磨透了再下结论。毕竟,"云奇告变"事件的说法过于牵强。

首先,胡惟庸家内的一口井冒出醴泉,就是大明的祥瑞之兆,这个说法恐怕行不通。朱元璋是何许人也,他岂会容忍大明的祥瑞之兆产生在臣下的家中?其次,胡惟庸被杀是在这一年,那么以朱元璋的心计来看,他绝对不会在这时候去胡惟庸家中观看什么瑞兆,胡惟庸是随他打天下的人,即使没有建树,他也不会轻易起了杀胡的念头,杀人,必定是要经过深思熟虑的。最后,胡惟庸是极其奸诈之人,徐达"深嫉其奸邪",刘伯温也说"奸恣不可用",这样一个人岂会把谋逆的士兵放在明显的地方?总之,用这个不靠谱的理由来说胡惟庸谋反是过于牵强的。

所以,我们最好还是从正史出发,来找寻胡被杀的真正原因。

但是,正史似乎也没有很明确地给出胡惟庸谋反的具体事件,只是说其"枉法诬陷,操不轨之心,肆奸欺不备……蠹害政治,谋危社稷"(《明实录·太祖实录》)。胡惟庸究竟是如何谋逆的,却不作说明。于是乎,就在这种没有任何证据的前提下,一场肃清朝野的大屠杀开始了。

洪武十二年(1379年)九月,占城国派使节前来京城进贡,但胡惟庸私扣使节并且没有把此事上报朱元璋,朱元璋知道后,勃然大怒,在朝廷上公开审讯此事。但左、右丞相胡惟庸和汪广洋将责任推诿于礼部,而礼部内部又在互相推卸责任。朱元璋震怒,当场下令处死汪广洋的一干人。这为胡惟庸的死敲响了钟声。第二年,徐杰等人揭发胡惟庸的种种违法作为,称其有谋反举动。朱元璋当庭逮捕胡惟庸，并下令处死。同时被处死的还有徐杰等告发人员。

只是，令人费解的是徐杰等人所举的胡惟庸的劣迹，朱元璋都应清楚。因为，这些是他赋予的特权，但为什么要在这时来清算？胡惟庸在短短的十年内便跃升至宰相位，这使得他越发骄纵了。随着他权势的不断扩大，他可以决定官员的升迁去留，甚至掌握了他们的生杀大权；他可以将对自己不利的奏章藏起不呈给皇帝并暗中惩戒反抗他的人；他可以私下贿赂朝中大臣，甚至将手伸进了国防重地。这一时间，各地官员争相拜访贿赂他，赠其金银珍宝数之不尽。这些，朱元璋都是看得见也听得着，但反而越发宠幸他。

终于，胡惟庸的势力越来越大，正在他如日中天的时候，朱元璋一个巴掌盖了下来，就像如来佛将孙悟空压在五指山下一般，将他从高空摔了下来。这件事就是胡惟庸的儿子在大街上纵马奔行，却从马上摔下，被路过的马车压死了。于是胡惟庸没有禀报朱元璋便私自将驾马车的车夫杀死，朱元璋听后大怒，驳回了胡惟庸以金帛赠予马夫家来补偿的请求，而是让胡惟庸杀人抵命。自此，朱元璋开始了一系列的整治胡党行动，而胡惟庸短暂的两年半的丞相任期也宣告结束。如果有人认为胡惟庸是因为日益的骄横跋扈有了篡谋的心理因此被诛杀，我们不妨来看看胡惟庸跋扈的时间有多长，在这么长的时间内难道朱元璋没有一丝觉察吗？显然不是，那究竟是为了什么？

我们从在中国延续了数千年的中央集权制度说起，中国古代王朝不断地完善封建制度，实际上就是不断地加强中央集权制，而加强中央集权制的条件就是处理皇权与相权之争。为解决这一矛盾，中国的历朝历代都曾煞费苦心，从西汉武帝的内朝制的建立，到东汉刘秀的事归台阁，再到隋唐的三省六部制。这些无一不在削弱相权，扩大皇权。朱元璋自然也不会例外，况且在他前面还摆着元末"宰相专权""臣操威福"的例子，在这一方面，他怎会掉以轻心，他只是做了"螳螂捕蝉，黄雀在后"中的黄雀。他先让胡惟庸与前宰相斗，然后通过胡之手剔除了对他而言有较大威胁的徐达、李善长，留下了这个不足为惧的胡惟庸。然后他慢慢培养胡惟庸，让他越发成熟，直到他成了一颗烂桃子，于是他决定行动了。通过摘除这颗烂桃子，然后将其生长的根基拔除。因此，他废了胡惟庸，同时，也废了延续数千年的宰相制度，并且不准后人再立，若有人提请立丞相，则被处以极刑。

因而，我们说胡惟庸只是个打工的，即使再强再厉害也逃不脱朱元璋的手掌心。

## 马皇后,你慢些走

洪武十五年(1382年)九月,南京。

南京城,时值盛夏,却在这一天忽然电闪雷鸣,下起了一场瓢泼大雨。在大雨中,依然可见大街上人头攒动,扶老携幼的万千百姓不顾大雨倾盆,几乎倾巢而出聚在一起恸哭。这一天,明太祖朱元璋的结发妻子,孝慈皇后马皇后出葬了。

马皇后在这一年的八月染上重病。史书记载,历尽磨难也殚尽心力的她在施治无效后,坚持不肯再服药,明太祖朱元璋苦苦劝求,她则道:"死生命也,祷祀何益。且医何能治人。使服药不效,得毋以妾故而罪诸医乎。"躺在病榻上,她念念不忘地反复叮嘱皇夫:"愿陛下求贤纳谏,慎终如始,子孙皆贤,臣民得所而已!"然后,又把诸位皇子公主叫到身边来,嘱咐:"生长富贵之中,当知蚕桑耕作之不易,当为天地惜物,且为生民惜福!"(《明史·卷一百三十·列传第一·后妃一》)

这一段的记载表明了马皇后在生病吃药无效的情况下便放弃

了就医,在生命弥留之际尽自己最大的力对自己的丈夫、子女们进行规劝。可是,正因为马皇后这样言行,才引发世人的深思,她究竟为何放弃了就医?作为一人之下万人之上的她,为什么简简单单地放弃自己宝贵的生命?即使吃药没有治愈的可能,却也有挽留生命的机会,历代皇族不乏靠吃药延长生命的例子,为什么独她选择放弃?其实这也是马皇后的良苦用心,她深知自己吃药后如果依然无效,那么那些医生便要遭受责难,为了避免这种情况的产生,她义无反顾地放弃了就诊。马皇后即使是在生命的尽头,也在牵挂别人。正是因为她秉性善良,所以明太祖称赞她:"贤后可与当年唐太宗的长孙皇后相比,毫不逊色。"《明史》的作者评价她:"从太祖备极艰难,赞成大业,母仪天下,慈德昭彰。"(《明史·皇后传》)

明太祖朱元璋自马皇后过世后,不再立后,他也是中国古代王朝里少数几个终生不再立后的皇帝之一,他为何能做到这一步的原因暂且不提,我们先重新提起故事开头的那场不为寻常的大雨。马皇后的去世已经使得明太祖朱元璋心力交瘁,而偏偏在送葬时又逢上这场莫名其妙的雨,他的心情自然不会太爽,这件事处理不好便会成为他撒气的借口,不免又要杀掉一些人。于是,他将为马皇后念谒的和尚找来问话,其中一个叫宗泐的说:"雨落天垂泪,雷鸣地举哀。西方诸佛子,同送马如来。"听后,明太祖朱元璋才平息了怒气。他平息了怒气,可是后宫众人却仍悲伤难忍,于是她们写了一首歌来纪念这位贤德的皇后,其歌词如下:"我后圣慈,化行家邦;抚我育我,怀德难忘。怀德难忘,于斯万年;毖彼下泉,悠悠苍天。"

我们来谈谈为什么明太祖朱元璋不再立后，据史书资料，明太祖朱元璋在马皇后过世的那天痛哭了一场，对于这样一个冷酷的君王，是什么样的情感使得他不顾帝王的威严泄露自己的软弱？马皇后究竟对明太祖朱元璋的皇帝宝座起了怎样的辅助作用？

纵观明太祖朱元璋的一生，无论是在他的前期奋斗阶段还是后期治理阶段，马皇后对他的帮助都非常大。前期奋斗阶段，郭子兴虽然赏识朱元璋，但他生性多疑，狡猾奸诈，又好听好话，轻信谗言，优柔寡断。在别人的离间计下，也曾多次猜忌朱元璋，对他多加监督。那次，郭子兴生气，将朱元璋禁闭在空室，罚他不许吃东西，马氏得知后，便偷偷地到厨房，"后窃炊饼，怀以进，肉为焦"。

后来，马氏为了解决朱元璋和郭子兴的矛盾，拿出自己多年的私房钱，逢机会进献给了义母，求她在义父面前为朱元璋求情。这样，才使得朱元璋在红巾军中的地位逐渐稳定下来。而马氏习性节俭，"居常贮糗萎烧脯脩供帝，无所乏绝，而己不宿饱"。史书上说马皇后"有智鉴，好书史"，这就说明她是个有才华的女知识分子。所以朱元璋行军作战的文书、军令和随手写下的札记、备忘录，都交给她保管，她整理得井井有条，朱元璋需要查询，她"即于囊中出而进之，未尝脱误"（《明实录·太祖实录》）。后期治理阶段，在后宫管理方面，马皇后可算得上是贤德至极。对于妃嫔宫人，如有因被皇帝宠爱而生下孩子的，她都非常厚待，并"命妇入朝，待之如家人礼之"。

同时，她又时常向宫人们讲述古代宫闱制度，还特地令女史官辑录宋朝贤后事迹，作为楷模，朝夕省览。有人说宋朝过于仁厚，马皇后则说："过仁厚，不愈于刻薄乎？"一日，她问女史官："黄老何教也，而窦太后好之？"女史回答说："清净无为为本，若绝仁弃义，民复孝慈，是其教矣。"马皇后说："孝慈即仁义也，讵有绝仁义而为孝慈者哉。"（《明史·卷一百十三·列传第一·后妃一》）在明朝时期，后宫无违纲乱纪的事情发生，多半和马皇后以仁厚管理有关，而朝廷也多因为马皇后管理有方，后宫未过多干预朝政。

马皇后与明太祖朱元璋的感情是建立在深厚的基础之上的，他们一起走过了人生的黑暗，迎来了生命中的光辉时段，在此过程中，不离不弃。马皇后拥有明太祖朱元璋的尊敬，却没有让外戚干扰朝政，也没有利用自己的权势残害哪位贤良或者受宠的妃子，她一直以朱元璋的需要为需要，她用贤妻良母的身份发挥了忠臣的作用。

永乐元年（1403年），明成祖朱棣给马皇后上尊号为孝慈昭宪至仁文德承天顺圣高皇后。嘉靖十七年（1538年）又上谥号为孝慈贞化哲顺仁徽成天育圣至德高皇后。在古代，尊号越长就代表地位越尊贵，可见马皇后地位之高。

## 阿亮，你秀逗了吗

洪武七年（1374年），一座名为镇海楼的建筑在广州的越秀山上立起，为现知最早的五层楼，得到了数位骚客的称赞，如明末清初的屈大均赞叹道"其玮丽雄特，虽黄鹤、岳阳莫能过之"，自清朝后"名楼冠全城，名人雅集，遂成一景"。

这样为后人所赞美的楼究竟是何人所建？据明代安徽休宁人叶权的记载："朱亮祖创始，后火毁。嘉靖中复建，重檐叠槛，高逼霄汉，梁栋榱拱，窗户磴道，五层间寸寸悉铁力木为之。木大者两抱，人行其中，宏窨如入洞室，闳敞壮丽。下瞰一城，万山北接，大海南开，长江如带，可谓伟观！中州欲构此楼，安得此美材为之哉！"

由此可见，镇海楼的雄伟壮观为世人所惊叹，而建造者朱亮祖却并没有如他所建之楼一般受人尊崇，反而多令世人所不齿，这究竟又是怎么回事呢？再者，镇海楼是"岭南地区现存规模最大、年代最早"的一座楼阁式建筑。坐落在城北的城墙之上，高五层，俗称"五层楼",建于明洪武十三年（1380年），其后成化、嘉靖、清康熙年间多次重修。1928年大修时将木柱楼板改为钢筋混凝土结构。

"镇海层楼"是清代羊城八景之一，登楼远眺，羊城景物如在眼前。在有关这座楼的介绍中，我们能看到其历史发展及建造等相关信息，却单单看不到有关其建造者的详述，即使是简介也没有。如果不是建造者无名或者无相关信息，即是此地人民特意为之。但依前人记述，已大概可以判定此楼为朱亮祖所建。如此说来，就极有可能是当地百姓厌恶朱亮祖，不肯记其名。那么，朱亮祖究竟做了些什么事情，使得人民深恶痛绝呢？

其实，朱亮祖与徐达、蓝玉等人一般，是追随朱元璋多年的老将，也是明朝的开国功臣。他本是元末时被元朝任命的一名义军首领，在朱元璋攻打宁国的战役中被擒获。朱元璋因其作战勇猛将其收为部下。但不料，没过几日，朱亮祖又重回元朝队伍，再一次与朱元璋为敌，没过几日，却又再次被朱元璋生擒。这一次，他终于心服口服地为朱元璋效力。随后，他在进攻张士诚、陈友谅及方国珍的战役中立下了汗马功劳。之后，他又屡立奇功，深得明太祖朱元璋的赏识。朱亮祖于洪武三年（1370年）被封为永嘉侯，洪武十二年（1379年），受命镇守广东。

元末时，广东被军阀占据，军阀军事力量强大，即使在被明朝统治后，依然存在较顽强的军事根基。正因为如此，当地百姓对军人抱有很强的畏惧心，即使是官衙，也不敢与之相抗。而朱亮祖又是一武将，不讲道理，因此其行为更加猖狂。他依仗侯爵的身份，又被太祖朱元璋特派镇守广东，拥有双重权力，他日复一日地骄纵，不仅自己行为不检，还放纵下属肆意妄为，不可一世。一时间，广东风气是乌烟瘴气，百姓们叫苦不迭。地方官怕惹祸上身，对朱亮祖及其党羽的所作所为熟视无睹，对百姓的诉告声充耳不闻。朱亮祖大为得意，认为在广东没有人能与他抗衡。恰恰在他最得意忘形的时候，逢上了一个软硬不吃的小小的县令道同。

道同是河间府人，蒙古族，以孝敬母亲出名。他在洪武初年被举荐，后又成为县令。从其至孝的名声来看，他必定是一个道德观念极强的人。这样的一个人与没有道德观念的朱亮祖相遇，只能是"秀才遇上兵，有理说不清"，同时，这又预示了道同的悲惨结局。

朱亮祖到广东后，很快与当地的地痞流氓勾连在一起。有了朱亮祖这座大山做依靠，本来在道同管理下嚣张气焰渐渐消失的恶霸们又重新活跃起来，甚至更加放肆。道同是一个疾恶如仇、爱民如子的人，他对这种情况十分痛恨。尤其是恶霸们看到奇珍异货时，便会恶意压低价钱收购或者明抢。为了得到他们中意的货物，这群地痞们几乎是不择手段。商人们对此很是气愤，却又很无奈。如若他们不服，恶霸们就会想尽办法折腾他们，或诬陷或强行抢货，还有可能将他们送到牢中，吃一番苦再"清白"地出来。因此，商人们只能咬牙忍痛割爱了。道同为了遏制这种情况，设下一个局，在这些地痞们对商人进行敲诈时，派人将他们抓获，又拷问其背后者，一并抓捕。然后为他们上了枷锁，游街示众。百姓们及商人几乎要喜极而泣了，无一不拍手称快。但防不胜防，有几个漏网之鱼逃逸了，前去找朱亮祖求救。朱亮祖因为和他们臭味相投再加上身边小人的谗言，便一口答应了。

他派人将道同请至家中，大设宴席，准备在飨食一番后要求道同放人。但道同并不为所动，只是将所抓之人的罪行一一道来，意思是这些人的罪行已是罄竹难书，您不必费心为他们谋划了。同时，他规劝朱亮祖：您被赐予侯爵的身份，又奉皇命镇守广东，应该善待黎民，远离奸恶小人。这本是一番肺腑之言，偏偏朱亮祖不领情，认为道同在挑战他的权威，怒不可遏。次日，他带人将那些地痞流氓抢走，并砸毁枷锁。虽然他以蛮力达成了他的诺言，但实际上丢尽了脸面。为此，他怀恨在心，对道同的怨恨与日俱增。因此，他常利用自己的权势大肆地打击报复道同。

    朱亮祖明目张胆地抢人，更多的坏人纷纷前来投靠。其中，一个罗姓的土豪最为猖狂。他送了大量的金钱给朱亮祖，拉近关系后，又将自己美貌的女儿送给了朱亮祖，结成姻亲关系。

    这样一来，罗家兄弟几乎无所顾忌，行凶逞恶，无恶不作。道同的案几上呈满了百姓们的状纸，更有一些人拦轿告状。道同十分为难，他想将罗家兄弟抓捕归案，按律法办事。但是，又怕朱亮祖会再次出面阻挠，让自己功亏一篑。这种左右为难、进退两难的局面让他苦恼不已。最后，基于他对百姓的同情心和对朝廷的忠心，他下定决心秘密逮捕了罗家兄弟。没承想消息不胫而走，朱亮祖这次带军队闯进县衙直接抢走了罗家兄弟。

    道同十分愤怒，深知自己一人之力不足以与朱亮祖相抗。他思前想后，认为自己已没有退路，于是决心拼死一搏。他连夜写好了奏章派人发往京城，奏章上列满了朱亮祖的罪行。没等他的奏章到达，这边已揣测到他的举动。朱亮祖身边的人建议道：与其被道同参上一状,不如先下手为强。于是,朱亮祖让人拟好奏章,快马加鞭送往京城。

快马与普通马的传送速度还是有区别的,这区别直接导致了朱亮祖的奏章先于道同的奏章到达朱元璋手中。朱亮祖在奏章中将道同好一顿污蔑,说他不尊重长官,又与一些刁民勾结。这些刁民不是前朝余孽,就是前军阀的匪类,朱元璋看得怒火中烧。再加上朱亮祖以一个侯爵的身份弹劾一个小小的县令,想必这个县令肯定犯下了弥天大祸,因此,朱元璋下令将道同处斩。朱亮祖得知消息后,派人买通了使者,让其弃船改骑马,快速来到广州,处斩了道同。

道同死了,他的折子也到了朱元璋手中。朱元璋看着这字字血泪的奏章,便知自己被朱亮祖蒙骗了。于是,他立马派人前去追回对道同的判决。不料,派出的人回来禀道:道同已死。朱元璋思索:按寻常的速度来说,这时候还是追得回上谕的。其中,必定是朱亮祖捣了鬼。朱元璋越想越气,他派人将朱亮祖及其长子朱暹押回南京,准备问罪。

洪武十三年(1380年)九月初三,朱亮祖父子被押至南京。朱亮祖一见到朱元璋便不停地叩头求情,希望能得到宽恕。但是,朱元璋不听他的解释,让武士对他们施以鞭刑,鞭打至两人命绝身亡。

朱亮祖就这样死了,朱元璋在其死后没有剥夺他的侯爵称号,依然让他以侯爵身份入葬。这对于他来说,应该是不幸中的万幸。但是,他的死并没有消弭他在广东留下的坏影响,当地百姓对道同的怀念和对他的怨恨是成正比的。因此,镇海楼上没有他的记述也是可以被理解的。

虽然朱亮祖的死是他自己造成的,但朱元璋的态度也是一个原因。朱元璋杀意一起,便没人能阻拦。在判处道同的时候,他没有审问后再下决定,而是听信一面之词,直接下了死令。这也是朱亮祖的悲哀,如果朱元璋愿意听审,或许会念及旧情,留他一命。这真是一报还一报。

## 李善长,为何你总给自己挖坑

洪武三年(1370年),明太祖朱元璋大封功臣。其中,他在如何封赏李善长的问题上认为李善长虽没有战功,但其在后勤保障上做出了很大的贡献,因此也应该给予大的封赏。于是,封李善长韩国公以及其他的一些官职,每年俸禄四千石,爵位可以世袭。最重要的是朱元璋赐其丹书铁券,可以免去李善长两次死罪,其子一次。就是这个在李善长眼里是莫大的赏赐的丹书却导致了他晚年的悲剧。因为,这个保命良药并没有保住他的性命,反而成了他满门被斩的刽子手。过了二十年,在朱元璋还在位的情况下,李善长被杀了,他的保命符一次也没有用过。

实际上,论起李善长的死,并不全是朱元璋的错,关键还是他自己。在众多的开国元勋中,只有两人被赐予了丹书铁券。一个是徐达,另一个则是李善长。这足以证明朱元璋是非常宠幸他的,但为何又在后来狠心地杀他一族?这就不得细数李善长自明朝起始直至他死时为自己挖了多少个坑了。

明太祖朱元璋之所以能够在乱世崛起，成就大明王朝近300年的历史，依靠的除了自身的资质能力之外，还有一个由他身边的老乡组成的淮西集团。淮西帮的势力是很强大的，其作用相当于李唐时期的关陇集团，为朱元璋的建国大业提供了非常大的支持。其中不乏一些能人志士，李善长则是这个集团中数一数二的人物。

在登基后，淮西集团中位处最高的就是被朱元璋拿来与汉朝刘邦的萧何作比的开国丞相李善长。他虽像萧何一般为皇帝所仰仗，也在建国后长达二十多年的时间内，高居其位，享受着一人之下万人之上的尊贵，但最终却没有萧何那般幸运。最后，他所依靠的淮西帮在朱元璋眼里也就像关陇贵族在武则天眼里一样，遭受各种打击。这是他为自己挖下的第一个坑。试想，如果不是因为淮西帮这个巨大的力量，朱元璋是否能如此顺利地完成大业？正是因为朱元璋知道"水能载舟，亦能覆舟"的道理，他才会格外小心这个集团。而执掌淮西帮大权的李善长自然不可避免地成为他心中的一根刺。同时，李善长的性格也为他自己挖下了第二个坑。

李善长外表宽宏大量，但内在却是极其小气爱记仇。如果他是个小人物，那么这种性格于他没有多大的危害，但当他位居高位，手握大权，这种性格便会极其可怕，甚至对皇权产生威胁。笑面虎比那种外表凶恶的人更为可怕。如参议李饮冰、杨希圣二人，只因为稍微触犯了一下李善长的大权，便被罢官，并割了李的胸乳，使其惨死，对杨施以劓刑，致其残。即使是智者刘伯温也没有逃脱他的毒手。李善长有一亲信名李彬，任职于中书省，因为其贪赃枉法被御史中丞刘伯温按律判斩，李善长找刘伯温为其说情，希望刘伯温能够给他这个面子，但是正直的刘伯温依然秉公执法，于是李善长记恨在心。正值明太祖朱元璋对刘伯温心生猜忌，李善长就趁机向皇上参了刘伯温一本，刘伯温被迫辞官回家休养。

李善长忘了朱元璋既然可以对刘伯温起疑心，自然也会排挤他。后来，他也被迫辞去宰相一职，由汪广洋补上。即使这样，也丝毫没有撼动李善长的权力之心，他仗恃自己的功勋，依靠多半是他栽培的朝中大臣，在皇上对无为的汪广洋起了厌烦之心后，便上奏皇上，推荐了胡惟庸。胡惟庸，一开始只是一名小吏，因给李善长送礼逐渐攀上了高枝，后因李善长的推荐逐渐获得了高位。而胡、李两家也结为姻亲关系。这样一来，他举荐胡惟庸也说得过去。然而，在胡惟庸被诛时，关系如此亲密的李善长竟然逃脱了，实在令人想不通。但其实这是朱元璋最后的善举，他希望李善长明白：即使你是开国功臣，但如果犯了罪，我依然可以办了你。可惜的是，李善长并未理解朱元璋这一意图，不加收敛。胡惟庸案已经为他挖了第三个坑了，如果他再不反省自己的行为，那么，情况便会越来越危险。可惜的是，他依然如故，继续为自己挖坑。

当上丞相的李善长此时已经站在了事业的顶峰，应该为自己的以后做打算了。如果他能够回顾一下前人，看那些同样是帮助皇帝打下江山的功臣在最后都选择了什么路，那么，他的结局也不会如此凄惨。令人遗憾的是，他没有回顾，也没有为自己打算，只是徜徉在荣华富贵中无法自拔。

于是，他没有看见范蠡在帮助越王勾践打败吴国后便泛舟湖上成为一代富甲，也没有看到曾为朱元璋献上"高筑墙、广积粮、缓称王"而为朱元璋赏识的朱升在明朝建立不久后便"归老于乡"。他只看见自己手中的权力,在没有战事、社会稳定的情况下,他没有急流勇退,那就只能成为皇帝肃清朝政、稳固皇权的牺牲品。这也是他为自己挖的另一个坑。这么多的坑,足够他栽好几个跟头,终于,年事已高的他在挖最后一个坑时,倒下去了,再也没有爬起来。

之前说到李善长的宰相位置被汪广洋顶替了,而他自己算是被朱元璋劝退的,但朱元璋对他的态度已经是前所未有的好。因其养病离职,朱元璋赏赐他临濠土地若干顷,守坟人一百五十户、佃户一千五百户及仪仗士二十家;又封其兄弟李存义及其儿子为官,又将他的一个儿子招为驸马。这种礼遇对于李善长来说,已是值得骄傲的事情。但是,他还是没有满足。

洪武二十三年(1390年),李善长已是七十七岁。也许是因为年少时对金钱着迷,随着时间他的贪婪与他的年龄一起增长。因为要盖私房人手不足李善长向汤和借用三百士兵,这在当时是极为平常的事情。但是,汤和已经看出朱元璋对李善长的不满,于是便向朱元璋密奏了此事,朱元璋听后自然不开心。

同年四月,都城内因为犯罪要被流放的罪犯中有李善长的亲戚丁斌等人,因此,李善长不顾森严国法,向朱元璋求情。朱元璋非常不高兴,因为李善长僭越了法律,于是勃然大怒。只是,此时的他也许没有想起刘伯温依法判决了李彬,却惨遭污蔑的事情。这只能说明想要你命,欲加之罪,何患无辞!于是,朱元璋派人将丁斌等人押入牢中,细细拷问,没想到却真的拷问出一件事:李善长参与了胡惟庸的谋逆。

朱元璋本来就对胡惟庸一案敏感不已,这下正好又把朱元璋内心的那把火点燃了。他尤其对李善长在胡惟庸拉其入伙时所说的"吾老矣,吾死,汝等自为之"耿耿于怀,他认为李善长身为朝中重臣,却隐匿、参与谋反,举棋不定,持观望态度,非常可恨。于是,他判决诛杀李善长全家七十余口,只有其子因为是驸马的缘故得以幸免。这次,李善长是真的栽倒了,永远爬不起来了。

或许,李善长到死也不明白,为什么自己手持免死丹书,依然不能避免被诛杀。其实,免死丹书又能怎样,那不过是皇上高兴时赐给你的荣宠,是在他不高兴的时候,他可以收回去。可悲的是,李善长却认为他可以凭此高枕无忧。

## 蓝玉,你总是心太贪

洪武二十一年(1388年),蓝玉受命瓦解北元残军。当时的北元皇帝脱古思帖木儿深居捕鱼儿海,此地易守难攻,且离明朝政治中心南京甚远,他便以为可以高枕无忧,于是越发肆无忌惮,不时地欺辱一下明朝的北疆。蓝玉率兵出发后,脱古思帖木儿没有得到消息,依然做着他的黄粱美梦,没有实施任何防御措施。明军虽是孤军深入,但因一路没有敌军的追击围堵,再加上后方支援力量充足,所以,此次远行没遇到多少困难。

突袭的那天,正好遇上风沙,黄色的尘土漫天乱舞。于是,明军直到来到北元汗帐的大营之外,才被元人惊觉。但为时已晚。蓝玉大胜,俘获人员有脱古思帖木儿的次子地保奴、嫔妃公主一百二十三人、官员三千余及人口七万七千多,战利品有马、驼、牛、羊十五万多头,以及大量印章、图书、兵器、车辆等物。只有脱古思帖木儿及其太子天保奴、知院捏怯来、丞相失烈门等数十人未在降兵行列。这一战役,稳定了明朝边疆,使得明朝的统治更加稳固。自拥这么大的功劳，蓝玉却被朱元璋杀了，当时的情况究竟是怎样的？

蓝玉是常遇春的妻弟，本来隶属于常遇春麾下，因其战功显赫，逐渐被提升。常遇春死前向朱元璋力荐蓝玉，但朱元璋并未完全相信。直至蓝玉用他的战绩证实了常遇春所言非假，朱元璋才逐渐开始重用他。

洪武二十年（1387年），是蓝玉军事生涯的一个转折点。朱元璋任命蓝玉为右副将军，与大将军冯胜、左副将军傅友德等人率兵征讨纳哈出部。纳哈出部盘踞东北，其首领纳哈出是元朝世将，在元灭亡时曾被明军逮获，后放回，仍与明朝对垒，积兵积粮，养精蓄锐，伺机与明朝争夺中原。在此期间，蓝玉屡立战功，但中间发生了一件意外，使此次征讨伤损过重。

这次意外的发生源于明朝招降。在用武力出击纳哈出部的同时，明朝又派人前去招安。纳哈出看大势已去，便决定先投降，派人到大将军冯胜处请降。冯胜闻讯非常高兴，随即派蓝玉前去受降。蓝玉特设酒宴迎接纳哈出。席间，纳哈出端起酒杯敬蓝玉，蓝玉并未接受，而是将自己的战服脱下，让纳哈出穿上，意思是你得先向明朝称臣，你的这杯酒我才可以喝。但是，纳哈出不乐意，反而与其随从用本民族的语言窃窃私语。一时间，席上陷入僵局。此时，常茂经身边人翻译获悉纳哈出有逃跑的打算，当即上去阻挡。混乱之间，两方动起手来。纳哈出不幸受伤，后被带至冯胜处。虽然冯胜以礼相待，但纳哈出部听闻首领受伤，在明军回程途中，伏击了明军。回京后，冯胜将常茂带到太祖朱元璋处，让其服罪。朱元璋认为冯胜和常茂皆有责任，便收回冯胜的总兵印，后拜蓝玉为大将军。

自这以后，蓝玉的人生越发辉煌了，仿佛在一刹那间，他就像一堆干柴被点燃后发出了耀眼的火光一般，自觉他的名字将与开平王常遇春及中山王徐达的名字一同被载入史册，他将与这些明朝的开国功臣们一起享受来自世人仰慕的目光及赞美的言语。但随着成功而来的，不仅仅有名誉、赏赐，还有杀人不见血的怀疑、嫉恨。月盈则亏，盛极必衰，这些都预示着蓝玉将要迎来怎样的噩梦。

蓝玉大胜后班师回朝，是一件非常值得庆贺的事情。于是，朱元璋对他大加封赏，并赐予其太子太傅的称号。这个称号是一般人可望而不可即的，本来应该感恩戴德，但蓝玉非但没有感激之言反而抱怨不断。"西征还，命为太子太傅，玉不乐居宋（国公冯胜）、颍（国公傅友德）两公下，曰：'我不堪太师耶！'比奏事多不听，益怏怏。"（《明史·卷一百三十二·列传第二十》）由此可见，朱元璋的赏赐在蓝玉这里却成了嘲讽。蓝玉不曾料到，他这番泻火的言论会为自己招来灾祸。他只是认为自己可以担任太师，不比一同出征的宋国公、颍国公差。因此，他满腹牢骚，朱元璋满腹不满。朱元璋的不满情绪在蓝玉一次次的违纪行为下越积越多。终于，爆发了。

洪武二十六年（1393年）二月，锦衣卫指挥蒋瓛上告明太祖朱元璋，说蓝玉伙同景川侯曹震、鹤庆侯张翼、舳舻侯朱寿、东伯何荣、吏部尚书詹徽、户部侍郎傅友文等人欲在朱元璋前往南郊进行亲耕籍田的这一天举事。

朱元璋听后十分生气，便以谋反罪将蓝玉逮捕投入监牢中，灭其满门，牵连三族，杀其党羽共计一万五千人左右。史载："狱具，族诛之。列侯以下坐党夷灭者不可胜数。"（《明史·卷一百三十二·列传第二十》）随后，朱元璋又特撰《逆臣录》，发至全国，让官员及其百姓都知蓝玉的罪行，并以儆效尤。此案牵连人数仅次于胡惟庸案，被称为"蓝玉案"，因常常与胡惟庸案联系在一起，并称"胡蓝之狱"，位列洪武四大案（空印案、郭桓案、胡惟庸案、蓝玉案）之二。

从胡惟庸案来看，蓝玉是否谋反有待考证，毕竟洪武年是朱元璋大杀功臣的时候。蓝玉与朱元璋同舟共济，如果不是谋逆，朱元璋又为何杀他？根据蓝玉对于太子太傅这一职位的评价，便可知他是一个不懂礼数的人，性格极其粗鲁。这样的一个人，在显赫的战绩前往往会变得骄纵，而这种骄纵正是皇帝最不能容忍的，这世上岂能有人比他还嚣张？这看似安全的性格在某个特定的时段也将会招来杀身之祸。因此，蓝玉的谋逆罪不可论断，史载也不完全可信，因为记事的人在当时肯定是要忠于皇权，是否遮掩了真相也不一定，当事人已死，死无对证大概就是这种情况。

斐然的战功使得蓝玉自恃功高，有了不少违纪的行为。"蓝玉尝占东昌民田，御史按问，玉怒，逐御史。北征还，夜扣喜峰关，关吏不时纳，纵兵毁关入，帝闻之不乐。又人言其私元主妃，妃惭自经死，帝切责玉。初帝欲封玉梁国公，以过改为凉，仍镌其过于券。玉犹不悛，侍宴语傲慢，在军擅黜陟将校，进止自专，帝数谯让。"（《明史·卷一百三十二·列传第二十》）

蓝玉的这些行为让朱元璋难以吃得消，所以，他决定动手了。他为蓝玉安了谋反的罪名，蓝玉究竟是为了什么要谋反？真的是为了太师这个称号吗？显然不是。因为蓝玉这样的一个粗人，压根不会有主天下的想法。明末清初的史家谈迁说："蓝凉公非反也。虎将粗暴，不善为容，彼犹沾沾一太师，何有他望！富贵骄溢，动辄疑网，积疑不解，衅成钟室。"这是说蓝玉这个人比较粗鲁，不懂得讨他人欢心，而且虚荣好面子，所以才会骄奢跋扈，引来杀祸。这样一个人不会对朱元璋产生威胁，却会对他的继任者及大明江山产生威胁。

朱元璋是武将，靠武力征服了天下，所以在他心目中，武者远远比文官威胁更大。加上太子朱标病亡，皇孙朱允炆接任。但朱允炆性情仁厚，所以他害怕，害怕在他死后，他的功臣将会挟天子以令诸侯，而此时常遇春、徐达等武将已死，剩下的只有蓝玉，所以，他要想方设法办了他。于是，他便计划要为他的孙子守住大明的江山，着手肃清朝廷。终于被他找到了借口，累积蓝玉的嚣张行为，揭露他的谋逆之心，将他投进狱中，杀其家，灭其族。心头大患除掉了，朱元璋松了一口气。

而蓝玉这个一生军功显赫的人，没有死在战场上，也没有死在敌人的刀枪下，而是死在自己一直追随的为之效命的人手中。他以悲凉的姿态结束了他辉煌的一生。

# 第八章

## 江山是怎么样炼成的

## 敢犯错，扒你皮

明太祖朱元璋大概是所有帝王里最痛恨贪污的一个，这不难理解，若不是官吏贪污，腐败畅行，朱元璋也不会因为走投无路、家破人亡而走上造反的道路。所以，朱元璋的仇富心理可以理解，可是他的做法极为偏激。

财富，在朱元璋眼里是有原罪的。

自明朝开国以来，朱元璋就不断诛杀贪官，据统计，因贪污受贿被杀死的官员高达几万人。到洪武十九年（1386年），从中央到地方的官员，已经很少人能做到任满，大部分都被杀掉了。

在朱元璋手底下干活，官员们每日如同生活在地狱一般，忍受煎熬，每次上朝之前，总要和妻儿诀别，因为不知道下朝后还能不能囫囵个儿地回到家里。如果每天能平安无事下朝，那回到家中必定要庆贺一番。这不是危言耸听，朱元璋绝对算得上是中国历史上最为苛刻的皇帝了，他不但让他的官员做最繁重的工作，还不肯给高工资，一旦发现哪个官员有一丁点儿贪污的痕迹，铁定就是杀无赦了。

贪污的确是应当制止的,但在朱元璋当政时期,许多官员贪污实属无奈之举。本想着寒窗苦读十余载,奋斗一生,混个小官也算是国家的公务员,有个铁饭碗了。却没想到,朱元璋开的工资已经不能用低来形容了,他发放给正一品官月俸米八十七石,正四品二十四石,正七品七石五斗。也就是说,一个县令的工资合成银子不过就是五两,换算成人民币也就一千块。这点钱不但要负担县令一家人的生活费,还要支付手底下人的工资,如果不贪污,根本就活不下去。

活人不能让尿憋死,虽然朱元璋对贪官严惩不贷,抱着"宁可枉杀一千,也不放过一个"的心态,但官员们捞钱的新花样还是层出不穷,主要有"折色火耗"和"淋尖踢斛"。

折色火耗是官员们借口征集的税款银两有损耗,将多余的钱放到自己口袋里的一种做法。

至于淋尖踢斛则是老百姓在交纳粮食的时候,官吏用斛来装,当粮食堆满的时候,官吏将斛猛踹一脚,令一些粮食流失到袋子外面,这流失出来的粮食就归官吏所有了。

这完全属于技术上的失误,自然不能算贪污,朱元璋对此也无话可说,这部分钱财便成了官员的合法收入。

但随着朱元璋不肯涨薪水而官员们不断从这些小地方着手获取利益而产生的矛盾日益激化时,事情便出现了质的变化。官员为了生计和自己的利益,必然要违反朱元璋制订的反贪计划,而朱元璋为了阻止这样的事情发生,也会采取更为严厉的打压办法,这样一来，矛盾非但得不到解决，反而愈演愈烈。

朱元璋对待贪官的方式越来越严厉，他定了一个新规定，只要发现官员贪污，就要送到京城的有关部门法办，一路上的检查岗必须放行，如果有人胆敢阻拦，不但要砍头，还要株连九族。

由此可以看出朱元璋反腐倡廉的决心有多么大，可惜事与愿违，在如此大力度的反贪中，贪污不但没有绝迹，反而有愈演愈烈的趋势。还有，因为朱元璋杀掉的官员太多，导致政府部门近于瘫痪，这样在任的官员不得不身兼数职，就连朱元璋本人也牺牲了很多休息时间，埋头苦干，即便如此，政事还是忙不完。

于是，朱元璋又发明了一种新制度——戴死罪、徒流罪办事，就是官员犯罪后被判了死刑，先拉下去痛打一顿，就在官员以为自己要小命不保的时候，突然来人给他的伤口上药，保证他死不了，再拉出去送到衙门处理公务。

朱元璋绞尽脑汁就是想肃清贪污腐败，还大明朝一个清清白白的天下，可效果不佳，成效不好。官员贪污固然不好，但工资太低、朱元璋的反贪手法过激也是重要原因。

在大明洪武年间的这场轰轰烈烈的反贪运动中，无论是主攻手朱元璋，还是防御手贪官们，都没有赢得最终的胜利。

# 明朝的锦衣卫

杖刑和廷杖是明朝非常有名的两种处罚方式,名称看似一样,但两者之间有根本区别。杖刑是一种刑罚,执行者为锦衣卫,对象为对皇帝不满或者有威胁的人。其中,杖刑分轻、重、缓、急,程度不一。对于犯一般错的犯人,执行官会下令"打着问",暗示手下轻点打,给点教训就足够;对于犯较重罪的人,执行官则会说"着实打着问",暗示重惩但不至死;而对于犯了死罪的人(或者上面下令要命的人)则说"好生着实打着问",这即是下了死令,要将犯人杖至死。廷杖是杖责在朝廷上言行惹得皇帝不满或行为有失的官员,以显示皇权的至高无上与不可侵犯。

廷杖的执行者为大汉将军。"创之自明,不衷古制"(《明史·卷九十五·志第七十一·刑法三》),这表明廷杖为明朝自创的一种酷刑。一旦有哪位官员惹怒皇帝,被皇帝处以廷杖,此官员就会被当庭扒掉官服,反绑住双手,押到午门。午门就是行刑地点,司礼监掌印太监和锦衣卫指挥使便待在午门等待受刑者。受刑人被套在一个大布袋里,一声令下，棍棒就会无情地落在他的屁股和大腿上。

廷杖也是有讲究的。如果受刑人的两脚呈八字形张开，代表此人要活；如果此人脚尖向内，则表示死罪难逃，并且在廷杖后，还会被人狠狠拎起，再重重摔下，这样一来，即使逃脱廷杖也还是难逃一死。廷杖和杖刑虽然大有不同，因为他们的执行者都一样，就是后世常说的"明之亡于厂卫之亡"的厂卫，即锦衣卫。

锦衣卫虽为朱元璋所设，但这种特务性质的机构并不是他最早创立的。汉武帝设置的司隶校尉就是特务机构的雏形，魏晋时期曹操设置的"校事""典校"等相关机构确立了特务机构的合法性，南北朝的"侯官"及武则天时期的"酷吏政治"等都是锦衣卫的前身。由此可见，锦衣卫这种性质的机构已经在中国延续发展一千多年，经历了各个朝代的补充完善，最终于明朝被正式确立为官职，拥有自己的独立办事机构和军事力量。

锦衣卫的总长官被称为指挥使，一般由皇帝亲信担任，其职能是"掌直驾侍卫、巡查缉捕"，这就将锦衣卫分成两部分。一部分是与传统意义的禁卫军作用相同的大汉将军，他们主要负责皇帝的出行及安全、传递皇令及掌廷杖等事情，其中负责廷杖这一部分只有明朝的锦衣卫有，其他则没有大的变化。另一部分为负责检查、逮捕、审讯、判案的南北镇抚司及负责文书的经历司。

大汉将军并不特别，他们唯一骇人的事情便是执行廷杖。因为廷杖既折磨文官们的精神又能伤害其身体，看着他们在自己手下哭天喊地的样子比较有成就感，所以，大汉将军对廷杖情有独钟。他们主要负责皇廷保卫工作，要营造出一种庄严肃穆的氛围，所以在选拔人员时往往比较倾向高大威猛、气势雄浑的人。但是，明太祖朱元璋不会特别放权于他们，因为历史上不缺禁卫军首领起义谋反者，北宋太祖赵匡胤乃其中一代表。因此，大汉将军于明朝就是一个摆设。

明初时，朱元璋设御用拱卫司，这是为了监督朝中大臣的违法行为，任命自己的亲信大臣为首。这是锦衣卫的前身。洪武十五年（1382年），太祖设立锦衣卫。为了巩固朱明天下，加强专制统治，朱元璋赋予锦衣卫特权，让其掌刑狱大权，并可巡查缉捕。传统的司法部门则被锦衣卫压制，如大理寺等。北镇府司相当于情报局，可监控各个官员及朱姓成员，采取追捕审讯等行动。

南镇抚司类似军事法庭，主要调查军队人员的罪行并收集军事情报和研发战斗工具。它主要针对卫、所部队。明朝军制的基本单位是"卫"与"所"，每5000人的正规军为一卫，卫下又设千户所和百户所。大汉将军原就是卫的编制，经历司则专门负责锦衣卫行动的文书工作。

朱元璋设锦衣卫是为了加强自己的统治，排除异己，所以洪武年间的几个大案的制造与锦衣卫密不可分，不计其数的无辜者葬送在锦衣卫手里，受尽各种酷刑。明朝"闻锦衣卫色变"不是耸人听闻，而是一种事实。如果说武则天时期的酷吏制度让人刻骨铭心，那明朝的锦衣卫机构则会让人恨不能回笼再造。因为酷吏制度只持续了一个阶段，武则天稳定自己统治的根基后就废除了，而锦衣卫制度贯穿了整整一个朝代。它就是朱元璋手中的会咬人的狗，指哪咬哪。

有些案件没有证据，但朱元璋让这人死，锦衣卫便会屈打成招，因此对于要肃清道路的朱元璋来说，锦衣卫很有用处。锦衣卫分布于全国上下，稍有官品的人身边都会有锦衣卫的监察，他有可能就是你平常最亲近的人，疏忽大意的话便会引来杀身之祸。全国被笼罩在恐怖的气氛中，人心惶惶。

在诛杀尽功臣后，朱元璋终于正视到锦衣卫的弊端，于洪武二十六年（1393年）下诏"诏内外狱毋得上锦衣卫，大小咸经法司"，削减锦衣卫的权力，但为时已晚。锦衣卫成立时间虽短，其影响深远。明成祖朱棣登上大位后，重新恢复了锦衣卫的特殊地位，并一步步加强。此后，锦衣卫一直延续，直至明亡。

# 文字文学整死人

自古马上得天下者，不可马上治天下，于是就要任用文臣。朱元璋也明白这个道理，在开国之初，他重用文臣，文人得了势，结果和他一起打天下的兄弟们心理失衡了：自己流血流汗、辛辛苦苦打下来的江山，凭什么要你们文人来掌权，于是就向皇帝进言：虽然要用文人治天下，但可不能轻易相信他们，否则就会上当。

话说到紧要处，他们就开始举例："张九四（朱元璋的死对头，张士诚是也）一辈子对文人宠爱有加，总是让他们好房子住着，高薪水拿着，真把他们捧上了天。可是在他做了王爷后，要起一个官名，文人便替他起名为士诚。"朱元璋很纳闷地说："这名字挺好啊！"他们反驳道："不然，张九四是上大当了！《孟子》一书明明白白地写着：'士，诚小人也。'这句话也可说成：'士诚，小人也。'这是骂他是小人啊，可是他至死也不懂，真是可怜。"朱元璋听到这里默不作声，待回去拿出《孟子》一查，果然有此说法，于是对文人产生疑虑，心想，该规范一下这些不老实的文人了。

说做就做，他开始两手抓：一是文字狱，一是八股文。

其实因文字而获罪者古已有之，例如秦始皇的焚书坑儒，宋代苏轼的"乌台诗案"等。文字狱是统治者进行文化规范和统治时常用的手段。关于朱元璋以文字罪人的案例，其中最精彩的当属他对"亚圣"孟子的肆意攻击。众所周知，孟子的思想是"民为贵，社稷次之，君为轻"，更是把暴君称为"独夫民贼"，人人可诛之，看到此处，朱元璋心想：这还了得，这不是劝人造反吗？于是心中大为恼怒。

"上（朱元璋）读《孟子》，怪其对君不逊，怒曰：'使此老在今日宁得免耶！'时将丁祭，遂命罢配享。明日，司天奏：'文星暗。'上曰：'殆孟子故耶？'命复之。"（全祖望《鲒埼亭集》）

看来如果孟老夫子生活在朱元璋的时代，也就没有机会涵养自己的浩然正气了。朱元璋在恼恨之下，将孟子的牌位从孔庙撤下以作为报复。但是孟子毕竟是"亚圣"，是儒生们心中的圣人，不容他人玷污，即使是皇帝也不可以。于是他们使了一个心眼，第二天就对朱元璋说，他们夜观天象，发现文星暗淡、天象有异。皇帝都是迷信天命的，得罪了上天可是一件了不得的大事，朱元璋于是马上想到大概是因为孟子的缘故，无可奈何之下恢复了他的牌位，但是他还是搞起了另一手：删书。把孟子的书删掉了三分之一左右，可视为"思想的腰斩"，其手段不可谓不狠。

总之，明初文字狱贯穿洪武一朝，是明太祖朱元璋为推行文化专制统治所采取的极端手段，并为后世封建统治者所效法。文字狱从表面上堵住了文人狂妄的嘴，但是它的一大恶果却是使得人们不敢说话，或者说违背良心的话甚至说诽谤的话。此风一长，不仅是道德滑坡的问题，整个社会的运作机制都要受到极大的破坏。

文字狱是朱元璋继承前人传统的产物，而八股文则是他和他儿子朱棣的首创。

科举对于知识分子来说至关重要，是他们唯一的出路。特别是在唐朝，知识分子除了科举之路，根本没有其他机会博取功名、飞黄腾达。但是科举制度到了明朝，只剩下进士一科，且有个不成文的规定，非进士出身，不能担任大学士和其他高级官员。这就使得大部分文人一生都在努力要走过科举这座独木桥。可惜走过者少，落水者多。面对如此残酷的竞争于是才有了我们熟悉的范进中举之后的发疯。

面对这群文人，明朝的统治者放下了自己的钓钩——八股文。朱元璋首先规定了考试范围，以四书、五经为限。而四书、五经又以朱熹的注解为标准，后来又硬性规定了一种考试格式。成祖朱棣进一步加以约束，明确规定使用"八股文"，以后的明清约500年间，这个钓钩为朝廷钓上了一代又一代的大小官员。

朱元璋的这两手，直接打击了明朝的文学事业，使得明初的文化受制于宋代理学，趋于保守。朱元璋所做的一切，终究还是围绕一个主题：加强皇权，巩固统治。

## 界限要划清

在朱元璋登上皇位第一年的某一天，南京城风和日丽，一派平和景象，正是游玩与放松的好天气。在一片绿草如茵的空地上，有很多人正聚在一起玩耍，传来一阵阵的嬉笑声，好不热闹。走近一看，原来是一群军人、游民，他们将靴子的高帮截短，并用金线做装饰，足蹬短靴，穿着艳丽的服装，肆无忌惮地玩着蹴鞠。可他们不知道的是，灾难已经悄悄降临。

他们正玩到兴头上时，街头突然出现一队官差，用一把铁链将这些人锁上，带往五城兵马司。上报朝廷后，得到的回复是：卸脚。

竟然因为一场蹴鞠活动就被砍了脚？其实他们是触犯了朝廷的另一项法律。

朱元璋即位时，不仅仅发展经济，杀贪官，夺相权，封藩王，还制定了一系列的等级制度，以确立皇族与庶民之间的地位。朱元璋这个从农民中走出来的布衣皇帝最后已经彻底地背叛了农民队伍。他当上皇帝后,早已失了农民的本色,相反要用等级制度来巩固自己的地位。而这种对皇族和庶民的规定涉及社会生活的各个方面,使得整个社会结构等级分明、秩序严谨甚至于僵化。

其中对服饰的要求就体现了朱元璋设立的等级制度的复杂与严格。众所周知,元朝统一中国后,改变了中原的服饰旧制,代之以"胡俗",即不论是士绅还是布衣百姓,都是辫发椎髻,衣服则为袴褶窄袖,还有辫线腰褶。妇女的衣服为窄袖短衣,下穿裙裳。朱元璋不愿意延续元朝穿衣"胡俗"的特点,因此他向中国最为强盛的大唐看齐,下令恢复唐代的衣冠制度。

他还从面料、样式、尺寸、颜色四个方面确立了明朝初期服饰的等级制度。不同等级的人,只能穿着本等级所规定的服饰,不可僭越,否则就是犯罪。

从服饰面料来看,只有王公贵族、官员才能使用锦绣、绫罗等高级面料,庶民百姓只能用绸、素纱等普通的面料。只有皇宫后妃、命妇可以用金、玉一类的首饰,一般的平民女子起初耳环还可以用黄金、珍珠,钏、镯和其他的首饰只能用银子,或者在银子上镀金。后来,百姓家的妇女只能用银子来做首饰了。

对服饰式样的规定就更为复杂了,几乎每一类人都有规定的式样。以文官的服饰样式为例,有一首《文官服色歌》云:"一二仙鹤与锦鸡。三四孔雀云雁飞。五品白鹇惟一样。六七鹭鸶鸂鶒宜。八九品官并杂职,鹌鹑练雀与黄鹂。风宪衙门专执法,特加獬豸迈伦夷。"这些都是需要严格遵守的。在明朝庶民、僧道、皇宫妇女、普通妇女,总之各种人都有自己服装的样式。划分十分严格。

在服饰的尺寸上也有规定。明代服饰的尺寸，追求宽大，反对便易短窄，以求遵守古制。其中对各类人衣服尺寸的规定甚至精确到寸。

此外，朱元璋对衣服颜色的使用也进行了严格的限制。以借此确立等级。当时规定，玄、黄、紫三色为皇家专用，官吏和军民的服装不许使用这三种颜色，违者触犯法律。

在明朝初年，为了巩固自己的统治，强化皇族的权威，维护已经逐渐衰落的封建制度，朱元璋不嫌麻烦地设计出了一系列关于服饰的规定。当然这种森严的等级制度还表现在建筑以及各种礼节上，朱元璋最终的目的其实是要把它们渗透到他的臣子与百姓的骨子里，让他们永远做自己的奴才，以保自己的江山万万代。

可惜的是，朱元璋的这一愿望终究没能实现，随着明朝中叶以后皇帝的荒嬉，对文化统治的倦怠，以及商品经济的发展，新的思想观念的出现，朱元璋的这一套等级制度出现了松动，那时的社会就变得万紫千红、千姿百态了。

## 低调低调再低调

众所周知，明太祖朱元璋建国后大肆诛杀功臣，李善长、胡惟庸、蓝玉、叶升、冯胜和傅友德等人皆被诛，明朝的开国功臣几乎被斩尽杀绝。但是，即使在这样恶劣的情况下，依然有一个人安稳地活着，以自然死亡结束自己的生命。

难道他是因为没有功勋所以才会存活？恰恰相反，他是可以与常遇春、徐达一班人相提并论的人，他也是追随朱元璋打天下的一员大将。在建业过程中，他曾经立下无数战功。同时，他又与朱元璋同乡，甚至住在同一条街。这样显赫的一个人不但得以安度晚年，而且以功勋立墓志。

他就是信国公汤和。他不仅成为在朱元璋手下幸存的人，也是历史上在朝廷上拥有很大的功勋且常青的一人，得到"千年不朽勋臣府，万年长青信国祠"的美誉。他是利用什么样的手段自我保全？虽然他和朱元璋有着特别的情谊，但被杀的人之中不乏与朱元璋有着同样的情谊的人。所以，朱元璋不会单单对他特别。那么，他究竟是如何自保的?

《明史》评价汤和"沉敏多智数",史实也证明了这并不是溢美之词,而是他性格的真实写照。汤和与朱元璋同乡同街,从小就相识,可以称为发小。据说,汤和是朱元璋建功立业的敲门砖。

汤和早于朱元璋加入农民起义队伍,最早是郭子兴部下的一员。后来,是他将朱元璋介绍进部队,对朱元璋有伯乐之恩。在东征西讨的过程中,汤和对朱元璋始终毕恭毕敬,"从取和州。时诸将多太祖等夷,莫肯为下。和长太祖三岁,独奉约束甚谨,太祖甚悦之。"(《明史·卷一百二十六·列传第十四》)意思是说,虽然朱元璋凭借自己的能力成为郭子兴手下的一名大将,但是当时队伍中的其他人对他并不尊重,只有长他三岁的汤和对他恭恭敬敬,对他的言行十分重视,对此,朱元璋很高兴,开始慢慢亲近汤和,继而赏识重用他。

这个时候,汤和的聪明沉稳已经显现出来。他不动声色地就帮朱元璋确定了领导地位,却没有一味迎合、谄媚巴结朱元璋,他只是尊重他,遵从朱元璋的指示。同时,早期他就明智地选择了朱元璋领导的队伍,得到朱元璋少有的情谊。

朱元璋建国后分封功臣,在一堆的公爵中只有汤和被分封为侯爵。这些公爵的功勋与汤和的功绩差不了一二,这是朱元璋找了个借口将汤和的功绩贬低了。

一般人,如蓝玉,肯定会不满,并找朱元璋理论。但是,汤和非常平静,没有丝毫不满,反而向朱元璋又俯首又谢恩。在后来的日子里,他兢兢业业、如履薄冰地做好自己分内的事情,对于官名不强求、不追求，这样的他渐渐让朱元璋放下心，在几年后便封他为"信国公"。

也许是因为汤和谨记汉时的"飞鸟尽，良弓藏；狡兔死，走狗烹"的教训，他低调行事，聪明做人。在其他功臣正在大肆宣扬自己功德的时候，唯汤和一人识相知趣地避免出风头。

"帝春秋浸高，天下无事，意不欲诸将久典兵，未有以发也。"（《明史·卷一百二十六·列传第十四》）这段是说朱元璋因为天下已定所以对诸将手中的军权开始介意了。这时候，汤和于众多功臣中第一个主动将军权交出并上奏请辞，意欲回家颐养天年，他言自己"臣犬马齿长，不堪复任驱策，愿得归故乡，为容棺之墟，以待骸骨"。

这一段话情真意切，使得朱元璋非常开心。于是，朱元璋便顺应臣心，同意了他的请辞，还为他在老家凤阳建造房屋，给他一个风光的归乡之行。而汤和确实也不辜负朱元璋对他的一片心意，他归乡后"晚年益为恭慎，入闻国论，一语不敢外泄。媵妾百余，病后悉资遣之。所得赏赐，多分遗乡曲，见布衣时故交遗老，欢如也"，可见他极其谨慎。

他不依仗自己曾经的官品和战绩，归乡后并没有作威作福，自成一霸，反而谨言慎行，不仅不过问朝事而且将家中多余的人口皆遣散，留下清静自然的生活环境。这也许并不算什么，也许是理所应当。但当我们细数历史人物，便会发现，往往有很多归乡之官便是因为做不到这个理所应当反被杀，同时代的刘基、李善长就是个中代表。

刘基回乡后还过问朝政，惹来朱元璋的嫌隙，李善长则是归乡后大肆铺张浪费，坐享荣华富贵招来朱元璋的反感，二人终不得善终。汤和无疑是个绝顶聪明的人，他懂得急流勇退，也懂得约束自己，这为他迎来了好的兆头，起码使得暗中盯人的锦衣卫得不到汤和违纪行为的资料，便没有什么可以上报给朱元璋的，时间长了，朱元璋自然对他就放宽了心，少了戒备。

另外，如果汤和一点罪行也没有，恐怕也是不行的。因为，臣下怎么能够比皇帝还干净？所以，在必要的时候，还是要犯一些无伤大雅的错误，譬如汤和嗜酒。汤和爱喝酒，并不少犯错。

在朱元璋诛杀功臣的时候，汤和正在镇守常州，他听说有很多的旧臣故交被杀，心中忐忑不安，于是便借酒避风头。他常常在喝酒后判案，还判错枉杀无辜。汤和的副将为了避免这种情况的发生，找人做了假人头，洒上血，每当汤和酒后要杀人时，他便拿出这些人头，告诉汤和人已被杀，汤和便会开怀大笑，即使第二天他碰到据说已被杀的那个人他也不动声色。于是，副将军心领神会，派人通知家家户户都用米粉做些假的人头放在家中，以保平安，因此称之为"人口团子"，这在后来成为过年的习俗之一。

汤和是想借此证明些什么？他其实就想向朱元璋透漏一个信息，那就是：我汤和就是一个酒鬼、糊涂的人，不会对江山抱有企图心。而朱元璋确实也接受了，他以此为借口，贬低汤和。

另外，汤和还会借醉酒"坦露真心"。一次，因为汤和镇守常州，并且与张士诚对垒，如此辛苦导致他心生不满。于是他酒醉后言"吾镇此城，如坐屋脊，左顾则左，右顾则右"，而朱元璋则是

"闻而衔之",又贬低他,但却不会伤他性命。汤和因为这样的一件小事就能酒后失言抱怨,而所争的仅是芝麻绿豆般大的功劳,这样的一个人如何成得了气候?这样看来,这些错误却为汤和打开了一条大道。

汤和的精于处世,使得他寿终正寝,以七十七岁的高龄谢世,死后又被朱元璋加封为东瓯王,谥襄武,荣宠之极。

## 心太软死得早

元至正十五年（1355年），太平陈迪家，一个婴儿呱呱坠地。他的啼哭，给酣战中的朱元璋带来了莫大的欣喜。后朱元璋自立吴王，将这孩子立为世子，一年后，明王朝建立，他随即被立为太子。这个含着银汤匙出生的孩子，就是懿文太子——朱标。

朱标被立为太子后，便开始和明朝这个新生的政权一起成长。朱元璋为培养出合格的接班人，继承自己打下的万里江山，可谓煞费苦心。当时无论是开国元勋还是后起新秀都兼领东宫官职，围绕在太子身边。朱标生来即享荣华，没有过戎马经历；一旦自己龙驾在外，太子监国时有事发生，朱元璋希望这些人能像当年的周公召公一样，辅佐太子。朱元璋还设立大本堂，令古今书籍充盈其中，四方名儒轮班为太子及诸王讲课，又选才俊之士伴读身边。朱标就在这样严格而正规的教育中，成长为一名满腹经纶、恪守礼法的储君。

历史上的开国皇帝，叱咤风云，刀头舐血，才打下一片江山，而他们的储君，却往往因为父辈的福泽而略显平庸与孱弱，秦二世就是很好的例子。但朱元璋是幸运的，他有一个生于富贵却又不耽于享乐，聪颖努力、宅心仁厚的儿子。时人与后人经常设想，如果朱标没有早亡，而是顺利继位，那他一定是一代明君。打天下者以暴制暴，而坐天下者以仁治国。只可惜，这个仁爱有加的年轻人，没有命数继承大统，这是朱元璋的不幸，可能也是明朝的不幸。

洪武十年（1377年），朱标二十二岁，朱元璋下令，今后一切事项可让朱标处分，然后上报自己。朱元璋告诫朱标，创业之君因诸事亲力亲为，所以熟悉人情，凡事能处理妥当。而守成之君，因生长于富贵之乡，如果不是平日多加历练，很难有不犯错的。所以，朱元璋让朱标与群臣接触，听大臣议事，从而获得治国的本领。朱元璋给朱标"四字箴言"：仁、明、勤、断。朱元璋一生勤勉政事，兢兢业业，他希望自己的儿子也能和他一样，认为这就是社稷之福了。

朱标没有辜负父亲的期望，与父亲相比，朱标治国更倾向于采用怀柔政策，他深受儒家思想影响，事事以"仁"字当先，这与他的父亲很是不同。洪武二十四年（公元1391年），朱元璋派朱标前往陕西视察，一是为了勘察西安是否适合作为都城，二是当时秦王朱樉行事多有过失，朱标此行，也要就此调查一番。朱标还朝后，献上陕西地图一份，并竭力为秦王朱樉求情，才使朱樉被放回属地。

史书称朱标天性仁慈，这与他父亲好杀戮形成了鲜明的对比。朱元璋生性多疑，明朝建国不久就发生了骇人听闻的"洪武四大案"，狡兔死，走狗烹，很多开国元勋难逃一劫，举国上下人心惶惶，当官的朝不保夕，不知哪一天因为什么原因就命丧黄泉。一个好杀戮的皇帝，给这个国家笼罩上了一片阴霾。其实，朱元璋的初衷是好的，他希望国家长治久安，但他的性格却使他采取了错误的手段，对权力的热衷，对功臣的忌惮，让朱元璋一次一次举起了屠刀。

朱标对父亲的举措无法认同，在他看来，治国靠的不是杀戮，杀的人应该越少越好。他不止一次为那些被父亲判定有罪的人求情，这在别人看来是触怒龙颜的大忌，但朱标仍然坚持自己的看法，百折不挠。

有一次，朱元璋又要大开杀戒，朱标再一次站出来，劝道："陛下诛夷过滥，恐伤天和。"（《剪胜野闻》）朱元璋闻言，不动声色，第二天将一根布满刺的木棍扔在朱标面前，让他捡起来。朱标虽然仁厚，但智商并不低，看见有刺，自然不会动手。朱元璋冷冷地说："汝弗能执欤？使我琢琢以遗汝，岂不美哉？今所诛者，皆天下之刑余也，除之以安汝，福莫大焉。"（《剪胜野闻》）

朱元璋认为，我现在所做的，就是替你拔去棍子上的刺，我杀的都是坏人，清理掉这些人，再把国家交给你不是更好？朱元璋怕今日那些人手中的功劳簿，变成日后威胁明朝的催命符。但出乎朱元璋意料的是，朱标同样冷淡地说："上有尧舜之君，下有尧舜之民。"（《剪胜野闻》）这话什么意思，意思是皇帝你自己不贤明，怎么能要求下面的臣子贤明呢？这句话就像是一颗重磅炸弹一样在朱元璋的脑子里爆炸了，这个平日里待人礼貌有加，对自己孝顺恭让的儿子，怎么敢如此讽刺自己？朱元璋气得顺手抄起座椅朝朱标砸过去。幸好朱标身手敏捷，躲了过去。可朱元璋的这一举动让朱标着实吓得不轻，回去就大病一场。

看起来，朱标给人的印象都是温良礼让，不然，朱元璋也不会有这么大的反应。但实际上，朱标内心依然有着坚定的立场和原则，并且很有见地，一句"上有尧舜之君，下有尧舜之民"体现了他独到的见识。应该说，朱元璋是有眼光的，他也明白，国家经历过腥风血雨之后，需要一个仁者来安抚天下，因此，他器重朱标，他给自己和国家挑选了一个最适合的接班人。

翻阅《明史》，对朱标的记载并不多，这与他还未即位就早亡有关。在这不多的记载中，我们似乎只看到一个生长在朱元璋呵护下的年轻储君，只知道他为人仁慈，只会对他的早逝感到有些遗憾。但掩卷沉思，我们不难发现，就是这寥寥数言的记载，却能让我们体会到朱标生活的压抑。

朱元璋的一生太过专断，以至于他的儿子无时无刻不生活在他强大的气场下，承受着巨大的压力。就连史书对这位太子的记载，时时体现着的也是朱元璋的意志。历代王朝，储君之争是宫闱中最为激烈也是最为血腥的，一个不慎，今天还是高高在上，明天就有可能万劫不复。虽然朱元璋给予这个太子诸多的关照，但身处权力中心的朱标怎么可能过着一帆风顺、风平浪静呢？况且，朱标被立为太子时年纪尚幼，朱元璋正值年富力强，这就意味着朱标要在储君的位置上等待很久，事实上，他等待了二十五年，这二十五年，是隐忍的二十五年，也是被无数双眼睛觊觎的二十五年。

朱标和他父亲接受的是不同的教育，朱元璋是在乱世中找到了属于自己的路，而朱标接受的是正统的诗书教育，再加上父子俩完全不同的性格，使他们在平日里不可能没有分歧，时间久了，自然就有了嫌隙。朱元璋多疑而残忍，朱标知道他父亲的为人，发生在父子二人之间的矛盾，极有可能把自己推向断头台。在这样的情境下，朱标承受着巨大的精神压力，怎么可能意气风发？只能小心翼翼，惶恐度日，最终，漫长的储君生活，耗掉了自己的生命。

洪武二十五年（1392年）四月，太子朱标薨，时年三十有七。

朱标的早亡，对朱元璋是一个致命的打击，以至于他在神思混乱中，做出了一个不理智的决定，立朱标的儿子朱允炆为皇长孙，他日继承大统。对朱标来说，这似乎是最大的宽慰，而对明王朝来说，是福是祸，还是未知数。

谁为王储，现在已经不重要了，重要的是，一个曾被寄予厚望的年轻人，一个可能成为治世之君的年轻人，却在还未来得及登上宝座就匆匆地告别人世，多少治国理想随风而逝，多少仁义政策烟消云散。对朱标来说，甚至对明朝来说，这可能是最大的遗憾。